星の王子さまの
教科書 ●中級フランス語文法読本

藤田尊潮――著

Apprivoisons le français
avec
《Le Petit Prince》
d'Antoine de Saint-Exupéry

textes choisis, grammaire,
exercices et annotations
par
Soncho Fujita

●武蔵野美術大学出版局

●略語表

cf.	confer	参照せよ
ex.	exemple	例
cond.	conditionnel	条件法
(*dic.*)	dictionnaire	辞書（を参照のこと）
f.	féminin	女性
ind.	indicatif	直説法
inf.	infinitif	不定詞形
m.	masculin	男性
n.	nom	名詞
pl.	pluriel	複数
qqn.	quelqu'un	「人」
qqch.	quelque chose	「もの」
s.	singulier	単数
subj.	subjonctif	接続法

●

texte の動詞の綴りについた丸数字は、巻末の「動詞活用表」の番号を示す。
〈例〉
comprendre❸❻→動詞活用表の 36 番 prendre を参照する。

また avoir、être、および第 1 群規則動詞 -er と第 2 群規則動詞については、本文で活用表の番号は指示していない。avoir❶、être❷、aimer❸（第 1 群規則動詞）、finir❹（第 2 群規則動詞）。

●

見出しのうしろの●印は、巻末につけた CD のトラック番号を示す。●印の中の上の数字は CD の 1 枚目か 2 枚目かを、下の数字はトラック番号となっている。なお、CD プレイヤーによっては、頭出し機能を持たない場合もある。

●目次

はじめに …………… 5	LEÇON 7 …………… 50
LEÇON 1 …………… 6	LEÇON 8 …………… 58
LEÇON 2 ……………12	LEÇON 9 ……………66
LEÇON 3 ……………18	LEÇON 10 ……………74
LEÇON 4 ……………26	Ça c'est, pour moi, …………83
LEÇON 5 ……………34	これは、わたしにとっての …84
LEÇON 6 ……………42	動詞活用表 ……………85

表紙デザイン────白尾デザイン事務所

CD 録音────Estrellita Wasserman（東京大学講師）

CD 制作────株式会社ルーキー

はじめに

　『星の王子さま』の翻訳、評論は、ここ1、2年ほどの間に驚くほど数多く刊行され、話題になっています。このフランス文学の世界的傑作に多くの人々が翻訳を通して接することは、訳者の一人として、とてもうれしく思います。けれども原文を読むことができれば、さらにいっそうこの小説の美しさ、おもしろさ、奥深さを感じ取ることができるに違いありません。今まで、『星の王子さま』のテキスト全文に注釈を施した教科書はありましたが、この小説を素材にして、やさしい事柄から順に取り上げて文法を解説し、合わせてその文法事項を用いた練習問題を解くというような教科書は、残念ながら1冊もありませんでした。それが、この教科書を執筆しようと、私が思い立った動機です。『星の王子さま』は、フランスでは9才から12才までの子どもに適した本として販売されておりますが、文章はけっして簡単ではなく、フランス語の書きことばの伝統に忠実にのっとった非常に美しい文章です。難易度からいいますと、初級から中級への橋渡し、これから本格的にフランス語の文章を読んで行こうと考えている学習者にちょうどいい素材だと思います。

　この教科書は各課三つの部分から成り、全10課で構成されています。まず『星の王子さま』本文のフランス語テキストと註、文法解説、そして聞き取り問題を含む練習問題です。フランス語のテキストは全文を掲載することはできませんでしたが、10課まで読み通すことで内容の大枠は把握することができるでしょう。文法事項は初級文法の復習に始まり、初級の教科書ではなかなか理解しづらかったような、若干高度な内容へと丁寧に解説していきます。そして練習問題では、習得した文法事項を反復練習することで、習熟を図ります。また練習問題の最後につけられている聞き取り問題は、本文の内容に即したフランス語の文章を、フランス人の発音を通して、音によって理解することを目指しています。

　この教科書を通してフランス語の学習者の向上に寄与することができれば、またより多くの人々が『星の王子さま』に興味を持つきっかけになることができれば、執筆者としてこれ以上うれしいことはありません。

2006年秋

執筆者

LEÇON 1   texte

À Léon Werth.*1

Je demande pardon*² aux enfants d'avoir dédié*³ ce livre à une grande personne. J'ai une excuse sérieuse : cette grande personne est le meilleur ami que*⁴ j'ai au monde*⁵. J'ai une autre excuse : cette grande personne peut tout comprendre㊱, même les livres pour enfants. J'ai une troisième excuse : cette grande personne habite la France où*⁶ elle a faim et froid. Elle a bien*⁷ besoin d'être consolée. Si toutes ces excuses ne suffisent*⁸㊹ pas, je veux㉔ bien dédier ce livre à l'enfant qu'a été autrefois cette grande personne*⁹. Toutes les grandes personnes ont d'abord été des enfants. (Mais peu d'entre elles s'en souviennent*¹⁰㉑.) Je corrige donc ma dédicace :

*À Léon Werth
quand il était**¹¹ *petit garçon.*

1. Léon Werth (1878-1955)
ユダヤ系フランス人の美術評論家、作家。美術評論の著作としては『ピュヴィ・ド・シャヴァンヌ』(*Puvis de Chavannes*) など。小説家としては第1次世界大戦に取材した代表作の『兵士クラヴェル』(*Clavel Soldat*)、第2次世界大戦中の疎開についての記録『33日』(*33 jours*) などが読まれている。また第2次大戦中の日記『証言　日記 1940-1944』(*Déposition, journal 1940-1944*) はサン゠テグジュペリに関する貴重な証言を含んでいる。レオン・ウェルトはサン゠テグジュペリのもっとも親しい友人の一人だった。サン゠テグジュペリは、アメリカ滞在中 (1942-1943年)、ウェルトの『33日』をアメリカで出版するために原稿を出版社に持ち込んでいる。出版契約が結ばれたにもかかわらず、この本はアメリカでは出版されなかった。サン゠テグジュペリは本の出版を信じていたため、自身『戦う操縦士』の中で、この本について言及してもいる。当初、彼はウェルトの『33日』の序文を書く予定だった。その原稿が大きくふくらみ、『ある人質への手紙』(*Lettre à un otage*) として発表されることになったという経緯がある。

2. demander pardon à *qqn*. de *inf*.：「（人）に（～すること）の許しを求める」(*dic*.) demander
3. avoir dédié：「捧げた」dédier の複合過去不定詞形。
4. que：（直接目的語・属詞を示す）関係代名詞。
5. au monde：「この世で」monde：「世界、人々」
6. où：（時・場所を示す）関係代名詞。
7. bien：強調の副詞「まさに」の意。
8. suffisent: suffire の直説法現在三人称複数活用形。
9. qu'a été autrefois *cette grande personne*：関係代名詞節中における主語の倒置。
10. peu d'entre elles s'en souviennent.：「そのことをおぼえているひとはほんとうにすくないけれども」se souvenir de：「～をおぼえている、思い出す」
11. était: être の半過去三人称単数活用形。→ Leçon 2 grammaire 参照。

LEÇON 1　grammaire

1. bon と bien の比較・最上級

	比較級	最上級	
bon	meilleur(e)(s)	le(la,les)meilleur(e)(s)	Cette chanson est meilleure que d'autres. （この歌は他の歌よりもいい） C'est le meilleur skieur du monde. （これは世界一いいスキーヤーだ）
bien	mieux	le mieux	Il parle français mieux que moi. （彼は私よりも上手にフランス語を話す） C'est elle qui peint le mieux de nous tous. （彼女は私たちの中で一番絵がうまい）

2. ［avoir + 無冠詞名詞］の熟語表現

avoir
- faim　　　　　　　　　　　お腹がすいている
- soif　　　　　　　　　　　喉がかわいている
- froid　　　　　　　　　　　寒い・寒気がする（体感として）
- chaud　　　　　　　　　　暑い（体感として）
- raison　　　　　　　　　　〜が正しい
- tort　　　　　　　　　　　〜が間違っている
- besoin de + 名詞・動詞不定詞形　〜が（することが）必要だ
- envie de + 名詞・動詞不定詞形　〜が（することが）欲しい

Cet enfant **a faim** et **froid**.
（その子どもはお腹をすかし、寒がっている）
Elle **a** bien **besoin d'**être consolée.
（そのひとはなぐさめてあげる必要がある）

3. vouloir と pouvoir の直説法現在形の活用

vouloir		**pouvoir**	
je veux	nous voulons	je peux	nous pouvons
tu veux	vous voulez	tu peux	vous pouvez
il veut	ils veulent	il peut	ils peuvent

Je **veux** bien dédier ce livre à l'enfant qu'a été autrefois cette grande personne.
（そのおとなのひとがかつてそうだった子どもに、私はこの本を捧げたい。）
Cette grande personne **peut** tout comprendre.
（そのおとなのひとは、なんでも理解することができる。）

4. 直説法複合過去 passé composé de l'indicatif

主語＋[**avoir** あるいは **être** の現在形]＋[過去分詞]（＋目的語 etc.）

A：過去分詞の作り方

第 1 群規則動詞および aller では、不定詞形の語尾 ― **er** が ― **é** になる。
donner → donné　　aller → allé
第 2 群規則動詞および partir など、不定詞形の語尾 ― **ir** で終わる動詞の大部分は ― **ir** が ― **i** になる。
fin**ir** → fini　　part**ir** → parti

B：助動詞に être が用いられる場合

移動や状態の変化を表す自動詞の一部。
aller（行く allé）, venir（来る venu）, partir（出発する parti）, arriver（到着する arrivé）, entrer（入る entré）, sortir（出る sorti）, monter（上る monté）, descendre（下りる descendu）, naître（生まれる né）, mourir（死ぬ mort）など。
これらの動詞以外のほとんどの自動詞と他動詞のすべては、助動詞として avoir を用いる。

C：用法

①過去において完了した行為
Saint-Exupéry **a dédié** *Le Petit Prince* à Léon Werth.
Toutes les grandes personnes **ont** d'abord **été** des enfants.
②動作の完了の結果としての状態
Elle **est sortie**（＝elle n'est plus là）.

LEÇON 1   exercices

1. 次の各文の下線の動詞を複合過去形にして書き直しなさい。
    1) Je demande pardon aux enfants.
    2) Cette grande personne peut tout comprendre.
    3) Elle a bien besoin d'être consolée.
    4) Je veux bien dédier ce livre à l'enfant.
    5) Le petit prince est sur sa planète.

2. 次の各文の下線の動詞を現在形にして書き直しなさい。
    1) Toutes les grandes personnes ont d'abord été des enfants.
    2) Il y a eu beaucoup de roses dans le jardin.
    3) J'ai beaucoup réfléchi sur les aventures de la jungle.
    4) Il est devenu pilote.
    5) Il a réussi à tracer son premier dessin.

3. （ ）のことばを補い、比較、あるいは最上級を表す文に書き直しなさい。
    1) Saint-Exupéry est un bon écrivain.（"du monde"を加え、最上級の文に）
    2) Le vin français est très bon.（"que le vin japonais"を加え、比較級の文に）
    3) Sylvie chante bien.（"que Marie"を加え、比較級の文に）
    4) Paul joue très bien au tennis.（"de l'école"を加え、最上級の文に）
    5) *Le Petit Prince* est un roman très connu.（"du monde"を加え、最上級の文に）

4. 次のフランス語の文を日本語に訳しなさい。
   1) Oh! J'ai froid. Il faut*¹ mettre le chauffage tout de suite.
   2) Vous allez tout droit. Puis vous prenez la troisième rue à gauche.
   3) Cet enfant est malade. Il a bien besoin d'être soigné.
   4) Avez-vous compris tout ce que je vous ai dit ?
   5) Je me souviens bien des jours anciens de mon enfance.

5. 次の日本語の文をフランス語に訳しなさい。
   1) 昨日、私は彼女といっしょに映画を見に行った。
   2) フランスのTGVは、世界一速い特急列車です*²。
   3) 「彼女はそちらにいるかしら？」「いいえ、少し前から外出しています。」
   4) サン＝テグジュペリは、1900年6月29日、フランスのリヨン*³という町で生まれました。
   5) 彼は、レオン・ウェルト*⁴と親友*⁵になった*⁶。

Dictée (CDでフランス語の文章を聞いて、書き取りなさい。以下Dictéeの項、同じ)

1)

2)

3)

---

1. Il faut [+ *inf.*]：「～しなければならない」Ilは非人称主語。
2. 列車が走る：rouler
3. 「リヨン」：Lyon
4. 「レオン・ウェルト」：Léon Werth
5. 「親友」：le meilleur ami
6. 「なる」：devenir

LEÇON 2   texte

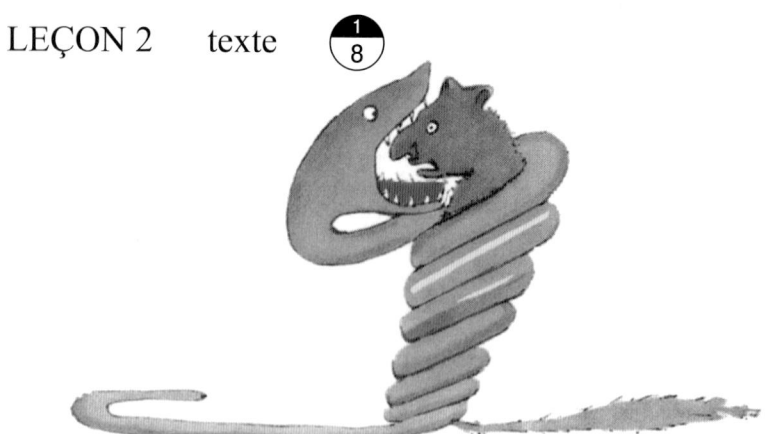

　Lorsque j'avais six ans j'ai vu, une fois, une magnifique image, dans un livre sur la forêt vierge qui s'appelait❾ *Histoires vécues**1⓬. Ça représentait un serpent boa*2 qui*3 avalait un fauve. Voilà la copie du dessin.

　On disait⓯ dans le livre :«Les serpents boas avalent leur proie tout entière, sans*4 la mâcher. Ensuite ils ne peuvent㉕ plus*5 bouger et ils dorment⓲ pendant les six mois de leur digestion.»

　J'ai alors beaucoup réfléchi sur les aventures de la jungle et, à mon tour*6, j'ai réussi, avec un crayon de couleur, à tracer mon premier dessin. Mon dessin numéro 1. Il était comme ça*7 :

1. *Histoires vécues* :「実話集（本当にあった話）」vécu :「生きられた」vivre の過去分詞
2. serpent boa :「ボア」boa は通常 serpent ということばをつけずに用いられる。ここで serpent boa という表現が用いられていることは、砂漠に降り立った「王子さま」が出会う「毒ヘビ」serpent とのつながりを感じさせる。
3. qui :（主語を示す）関係代名詞。
4. sans + n. [*inf.*] :「〜なしで（せずに）」
5. ne 〜 plus :「もう〜（し）ない」〈否定の表現〉→ Leçon 2 grammaire 参照。
6. à mon tour :「今度はぼくが…（ぼくの番に）」

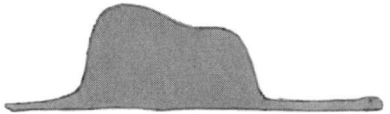

J'ai montré mon chef-d'œuvre aux grandes personnes et je leur ai demandé si mon dessin leur faisait❹ peur.

Elles m'ont répondu㉟: «Pourquoi un chapeau ferait*8❹-il peur?»

Mon dessin ne représentait pas un chapeau. Il représentait un serpent boa qui digérait❼ un éléphant. J'ai alors dessiné l'intérieur du serpent boa, afin que*9 les grandes personnes puissent*10㉕ comprendre㊱. Elles ont toujours besoin d'explications. Mon dessin numéro 2 était comme ça:

Les grandes personnes m'ont conseillé de laisser de côté*11 les dessins de serpents boas ouverts ou fermés, et de m'intéresser plutôt à*12 la géographie, à l'histoire, au calcul et à la grammaire. C'est ainsi que*13 j'ai abandonné, à l'âge de six ans, une magnifique carrière de peintre.

 7. comme ça:「こんなふうな（に）」
 8. ferait: faire の条件法現在三人称単数活用形。→ Leçon 5 grammaire 参照。
 9. afin que...:「～（する）ために」que 以下の節の動詞は接続法におかれる。
10. puissent: pouvoir の接続法現在三人称複数活用形。→ Leçon 6 grammaire 参照。
11. laisser de côté:「わきに置いておく」
12. s'intéresser à...:「～（に）興味を持つ」
13. C'est ainsi que...:「そういうわけで～になる」

LEÇON 2　　grammaire

1. 直説法半過去　imparfait de l'indicatif

活用語尾　　　　　　　　　　　　　　　　　　avoir
je -ais ［エ］　nous -ions ［イオン］　　j' avais ［ジャヴェ］　nous avions ［ヌザヴィオン］
tu -ais ［エ］　vous -iez ［イエ］　　　tu avais ［テュアヴェ］　vous aviez ［ヴザヴィエ］
il -ait ［エ］　ils -aient ［エ］　　　il avait ［イラヴェ］　　ils avaient ［イルザヴェ］

A：活用
①活用語尾はすべての動詞に共通。
②語幹は、直説法現在形の nous の活用から語尾 ons を除いたもの。
　　　Nous av*ons* → j'av**ais**　　Nous croy*ons* → je croy**ais**　　Nous fais*ons* → je fais**ais**

B：用法
①過去において継続・進行中であった行為・状態を表す。「〜していた」
　Mon dessin ne **représentait** pas un chapeau.
　（わたしの絵は帽子を表していたわけではなかった）
②過去における習慣・反復的行為を表す。「〜したものだ」
　Je **montrais** mes dessins aux grandes personnes quand j'étais enfant.
　（わたしは子どもの頃、おとなたちに自分の絵を見せた）
③時制の一致による過去。
　Ça **représentait** un serpent boa qui *avalait* un fauve.
　（それはけものをのみこんだボアの絵だった）

2. 半過去と複合過去　imparfait et passé composé

　　　Lorsque j'avais six ans, j'ai vu une magnifique image.
　　　（6 さいの時、わたしはすばらしい絵を見た）
　　　　　　　　　　　　　複合過去（わたしはすばらしい絵を見た）
――――――――――――――……………●――――――――――（現在）
　　　　　　　　半過去（6 さいの時）

3. partir, dormir, servir 型不規則動詞⑱の活用

活用語尾　　　　　　　　　　　　　　　　　dormir
je - s ［無音］　nous - ons ［オン］　　je dors ［ドール］　nous dormons ［ドルモン］
tu - s ［無音］　vous - ez ［エ］　　　tu dors ［ドール］　vous dormez ［ドルメ］
il - t ［無音］　ils - ent ［無音］　　il dort ［ドール］　ils dorment ［ドルム］

1, 2, 3人称単数 (je, tu, il) の活用では不定詞形の語幹の末尾の一文字が落ちる。
partir, sortir, sentir, servir などの動詞がこの活用グループに属する。

Ensuite ils ne peuvent plus bouger et ils **dorment** pendant les six mois de leur digestion.
（彼らは動けなくなり、えものを消化するために6カ月間眠る）
Le petit prince **part** pour une autre planète.
（王子さまは他の星に向けて旅立つ）
A quoi cela*¹ te **sert**-il de posséder les étoiles？
（星をもってるってことは、きみにとってなんの役に立つの？）

4. さまざまな否定の表現　exemples de négations

ne ~ pas	「～ではない」	Ce **n'**est **pas** ma faute.
		（それは私が悪いんじゃない）
ne ~ plus	「もう～ない」	Ils **ne** peuvent **plus** bouger.
		（もう動けなくなってしまう）
ne ~ que	「～しかない」	Cet astéroïde **n'**a été aperçu **qu'**une fois.
		（その小惑星は一度だけみつけられた）
ne ~ jamais	「けっして～ない」	Je **n'**avais **jamais** dessiné*² un mouton.
		（私は一度もヒツジの絵を描いたことがなかった）
ne ~ rien	「なにも～ない」	Ça **ne** fait **rien**.
		（そんなことはどうでもいいよ）
ne ~ guère	「あまり～ない」	Je **n'**aime **guère** prendre le ton d'un moraliste.
		（お説教じみたことはあまり好きではない）

●否定の表現は様々な組み合わせが可能。
　　ne ~ plus jamais 「もうけっして～ない」 Je **ne** dis **plus jamais** la vérité.
　　　　　　　　　　　　　　　　　　　　　（もうけっして真実は語るまい）

1. cela は、ここでは de posséder les étoiles を受ける形式的な主語。 servir à qqn. (à qqch.) de inf.：「～することは～の役に立つ」A quoi：前置詞とともに用いられる疑問代名詞
   → Leçon 3 grammaire 参照。
2. Je n'avais jamais dessiné：dessiner の直説法大過去形。→Leçon 3 grammaire 参照。

quinze：15

LEÇON 2   exercices

1. 次の各文の下線の動詞を半過去形にして書き直しなさい。
    1) Je sais*¹ reconnaître, du premier coup d'œil, la Chine et l'Arizona.
    2) Je veux savoir si elle est vraiment compréhensive.
    3) Ça ne peux pas m'étonner beaucoup.
    4) Le petit prince me pose beaucoup de questions.
    5) Il me croit peut-être semblable à lui*².

2. 次の各文の下線の動詞を現在形にして書き直しなさい。
    1) J'ai donc dû choisir un autre métier et j'ai appris à piloter des avions.
    2) J'ai volé un peu partout dans le monde.
    3) La planète d'où il est venu est l'astéroïde B612.
    4) La leçon que je donnais en valait*³ la peine*⁴.
    5) La preuve que le petit prince a existé c'est qu'il était ravissant, qu'il riait*⁵, et qu'il voulait un mouton.

3. 次の各文の下線の動詞をもっとも適当と思われる過去形（複合過去あるいは半過去形）にして書き直しなさい。
    1) Quand le petit prince arrive sur la Terre, il ne rencontre personne dans le désert.
    2) On dit dans le livre que les serpents boas avalent leur proie.
    3) Chaque jour j'apprends quelque chose sur la planète, sur le départ, sur le voyage.
    4) Il est une fois*⁶ un petit prince qui habite une planète à peine plus grande que lui.
    5) Je vis ainsi seul, sans personne avec qui parler véritablement jusqu'à ce moment-là.

1. savoir + *inf.*：「〜することができる」
2. lui：代名詞強勢形。「彼」
3. valait：valoir「〜に値する」の直説法半過去三人称単数活用形。
4. valoir la peine de + *inf.*：「〜するに値する」en はここでは de faire le cours を受ける中性代名詞。→ Leçon 5 grammaire 参照。
5. riait：rire「笑う」の直説法半過去三人称単数活用形。
6. Il était une fois…：「むかしむかしあるところに〜がありました」童話の書き出しの文体。

4. 次のフランス語の文を日本語に訳しなさい。
   1) J'ai alors dessiné l'intérieur du serpent boa, afin que les grandes personnes puissent comprendre.
   2) J'ai beaucoup réfléchi sur les aventures de la jungle et, à mon tour, j'ai réussi, avec un crayon de couleur, à tracer mon premier dessin.
   3) Les grandes personnes m'ont conseillé de laisser de côté les dessins de serpents boas ouverts ou fermés, et de m'intéresser plutôt à la géographie, à l'histoire, au calcul et à la grammaire.
   4) C'est ainsi que j'ai abandonné, à l'âge de six ans, une magnifique carrière de peintre.
   5) J'ai ainsi eu, au cours de ma vie, des tas de*¹ contacts avec des tas de gens sérieux.

5. 次の日本語の文をフランス語に訳しなさい。
   1) 王子さまが星にもどって（rentrer）みると、ひつじは眠っていた。
   2) おとなたちには、その絵が何を（ce que）表している（représenter）のかわからなかった。
   3) 私はのどがかわいて、もう歩けなかった。
   4) これはいったい（donc）何の役に立つの？
   5) おとなたちは、けっして、何にもひとり（toutes seules）ではわからないんだ。

Dictée

1)
___
2)
___
3)
___

1. des tas de… :「たくさんの〜」

LEÇON 3 texte

J'ai ainsi vécu*¹⑫ seul, sans personne avec qui parler véritablement*², jusqu'à une panne dans le désert du Sahara, il y a six ans*³. Quelque chose s'était cassé*⁴ dans mon moteur. Et comme je n'avais avec moi ni mécanicien, ni*⁵ passagers, je me préparai*⁶ à essayer⑬ de réussir, tout seul, une réparation difficile. C'était pour moi une question de vie ou de mort. J'avais à peine*⁷ de l'eau à boire*⁸㊿ pour huit jours.

Le premier soir je me suis donc endormi*⁹⓲ sur le sable à mille milles de toute terre habitée*¹⁰. J'étais bien plus*¹¹ isolé qu'un naufragé sur un radeau au milieu de*¹² l'océan. Alors vous imaginez ma surprise, au lever du jour, quand une drôle de petite voix*¹³ m'a réveillé. Elle disait⓴ : …

«S'il vous plaît… dessine-moi un mouton !

— Hein !

— Dessine-moi un mouton…»

1. J'ai ainsi vécu：動詞 vivre の複合過去一人称単数活用形。
2. sans personne avec qui parler véritablement：「本当に話し合える相手もなく」sans：「〜（すること）なしに」前置詞。avec qui：前置詞とともに用いられる関係代名詞。→ Leçon 6 grammaire 参照。
3. il y a six ans：「6年前」il y a +（時間を表すことば）：「（今から）〜前」
4. Quelque chose s'était cassé：代名動詞 se casser の直説法大過去三人称単数形。→ Leçon 3 grammaire 参照。
5. ni…ni…：「〜も〜も〜ではない」ne とともに用いられ、否定の語句を繰り返す。
6. je me préparai：代名動詞 se préparer の直説法単純過去一人称単数形。→ Leçon 3 grammaire 参照。
7. à peine：「ほとんど〜ない」(dic.) peine
8. de l'eau à boire：「飲み水（飲むべき水）」qqch. à inf.：「〜すべきもの（こと）」
9. je me suis donc endormi：s'endormir の複合過去一人称単数活用形。代名動詞の複合過去では、助動詞には常に être を用いる。
10. à mille milles de toute terre habitée：「人里から 1,000 マイルもはなれて」はじめの mille が「1,000」、次の milles は「マイル」の意。ともに発音は同じで、その繰り返しのおもしろさからか、この章では3度同じ表現が使われている。
11. bien plus：bien は比較の plus を強調している。
12. au milieu de：「〜のまん中で」
13. une drôle de petite voix：「小さなおかしな声」un (une) drôle de…(dic.) drôle

LEÇON 3   texte (suite)

J'ai sauté sur mes pieds comme si*1 j'avais été frappé par la foudre. J'ai bien frotté mes yeux. J'ai bien regardé. Et j'ai vu㉑ un petit bonhomme tout à fait*2 extraordinaire qui me considérait❼ gravement. Voilà le meilleur portrait que, plus tard, j'ai réussi à faire㊾ de lui*3. Mais mon dessin, bien sûr, est beaucoup moins ravissant que le modèle. Ce n'est pas ma faute. J'avais été découragé*4 dans ma carrière de peintre par les grandes personnes, à l'âge de six ans, et je n'avais rien appris*5㊱ à dessiner, sauf*6 les boas fermés et les boas ouverts.

Je regardai*7 donc cette apparition avec des yeux tout ronds d'étonnement*8. N'oubliez pas que je me trouvais*9 à mille milles de toute région habitée. Or*10 mon petit bonhomme ne me semblait ni égaré, ni mort de*11 fatigue, ni mort de faim, ni mort de soif, ni mort de peur. Il n'avait en rien*12 l'apparence d'un enfant perdu au milieu du désert, à mille milles de toute région habitée. Quand je réussis*13 enfin à parler, je lui dis㊻ :

«Mais... qu'est-ce que tu fais㊾ là?»

1. comme si… :「まるで〜のように」comme si のあとに続く節の動詞は直説法半過去形、または大過去形になる。j'avais été frappé par la foudre：動詞の時制は大過去。Si…（条件節）→ Leçon 5 grammaire 参照。
2. tout à fait :「まったく」 *cf.* complètement, parfaitement
3. Voilà le meilleur portrait que, plus tard, j'ai réussi à faire de lui. :「これは、わたしがあとになって描いたいちばんできばえのいい王子さまの肖像だ」réussir à *inf.*:「することに成功する」faire *qqch.*（*qqn.*）de *qqch.*（*qqn.*）:「〜（de＋名詞）を〜にする」
4. J'avais été découragé：動詞の時制は、直説法大過去。→ Leçon 3 grammaire 参照。
5. Je n'avais rien appris：動詞の時制は、直説法大過去。→ Leçon 3 grammaire 参照。
6. sauf :「〜を除いて」前置詞。(*dic.*) sauf
7. Je regardai: regarder の直説法単純過去一人称単数活用形。→ Leçon 3 grammaire 参照。
8. avec des yeux tout ronds :「おどろきに目をまん丸にしながら」tout は、ここでは強調の副詞。
9. je me trouvais :「わたしは〜にいた」代名動詞 se trouver の直説法半過去一人称単数活用形。se trouver :「自分を見つける」→「〜がいる（ある）」(*dic.*) trouver
10. Or… :「ところで」
11. mort de… :「〜で死んだ（死にそうな）」mort は、動詞 mourir の過去分詞。→ Leçon 1 grammaire 参照。(*dic.*) mourir
12. en rien :「まったく、ちっとも（〜ではない）」
13. je réussis：動詞の時制は直説法単純過去。je lui dis も同様。→ Leçon 3 grammaire 参照。

LEÇON 3　　grammaire

1. 直説法大過去　plus-que-parfait de l'indicatif
主語＋[avoir あるいは être の半過去形]＋[過去分詞]（＋目的語 etc.）
＊助動詞の使い分けは、複合過去の場合と同じ

A：用法
①過去のある時点（複合過去、単純過去あるは半過去によって表される過去）を基準にして、それよりも前に起こった事柄を表す。

Je n'**avais** rien **appris** à dessiner, sauf les boas fermés et les boas ouverts.
（ボアの外がわと内がわの絵以外、わたしはまったく絵というものを習ってこなかった）ここは、

Voilà le meilleur portrait que, plus tard, j'**ai réussi** à faire de lui.
（これは、わたしがあとになって描いたいちばんできばえのいい彼の肖像だ）という複合過去で表される過去の行為を基準にして、それ以前の事柄であることを示している。

　　　　　　　　　　　　　　複合過去（わたしがあとになって描いた）
　　　　　　　　　　　　　　あるいは**半過去**
————⋯⋯⋯◯————————————●————⋯⋯⋯————————→（現在）
　　　　大過去（わたしはまったく絵というものを習ってこなかった）

②時制の一致による過去の過去。

Le pilote fait*¹ voir au petit prince le dessin qu'il a fait.
（飛行士は、王子さまに彼が描いた絵を見せる）
Le pilote a fait voir au petit prince le dessin qu'il **avait fait**.
（飛行士は、王子さまに彼が描いた絵を見せた）

Je saute sur mes pieds comme si j'étais frappé par la foudre.
（わたしはとつぜん雷にうたれたように、飛びおきる）
J'ai sauté sur mes pieds comme si j'**avais été frappé** par la foudre.
（わたしはとつぜん雷にうたれたように、飛びおきた）

　1．faire + *inf.*：「〜させる」faire（「する、作る」）には、使役動詞の用法がある。

2. 直説法単純過去　passé simple de l'indicatif

すべての動詞の直説法単純過去の活用は、次の4つのタイプのいずれかになる。

	I				II		
je	- ai ［エ］	nous	- âmes ［アム］	je	- is ［イ］	nous	- îmes ［イム］
tu	- as ［ア］	vous	- âtes ［アット］	tu	- is ［イ］	vous	- îtes ［イット］
il	- a ［ア］	ils	- èrent ［エール］	il	- it ［イ］	ils	- irent ［イール］

	III				IV		
je	- us ［ユ］	nous	- ûmes ［ユム］	je	- ins ［アン］	nous	- înmes ［アンム］
tu	- us ［ユ］	vous	- ûtes ［ユット］	tu	- ins ［アン］	vous	- întes ［アント］
il	- ut ［ユ］	ils	- urent ［ユール］	il	- int ［アン］	ils	- inrent ［アンル］

A：活用

Iは不定詞形が – er で終わるすべての動詞。

IIは不定詞形が – ir で終わる動詞のほとんどと不定詞形が – re で終わる動詞の多く。

IIIはその他の不規則動詞のほとんどと être や avoir。

IVは venir や tenir などの動詞。

B：用法

①複合過去と同様、動詞の表す動作が〈完了〉したことを示す。

Je **regardai** donc cette apparition avec des yeux tout ronds d'étonnement.

（わたしは、おどろきに目をまん丸にしながら、その子を見つめた）

Quand je **réussis** enfin à parler, je lui **dis**.

（やっとわたしはしゃべることができるようになって、こう、その子にきいてみた）

②現在との接点を持たないという点で複合過去とは異なり、「歴史的過去」とも呼ばれる。

La Révolution française **éclata** le 14 juillet 1789.

（フランス革命は1789年7月14日に勃発した）

LEÇON 3   exercices

1. 次の各文の下線の動詞を大過去形にして書き直しなさい。
    1) J'ai ainsi vécu seul, sans personne avec qui parler.
    2) Je n'avais avec moi ni mécanicien, ni passagers.
    3) C'était pour moi une question de vie ou de mort.
    4) Le premier soir je me suis donc endormi sur le sable.
    5) Il n'avait en rien l'apparence d'un enfant perdu.

2. 次の各文の下線の動詞を単純過去形にして書き直しなさい。
    1) Quelque chose s'était cassé dans mon moteur.
    2) J'étais bien plus isolé qu'un naufragé sur un radeau au milieu de l'océan.
    3) Au lever du jour, une drôle de petite voix m'a réveillé.
    4) Elle disait…
    5) J'ai sauté sur mes pieds.

3. 次の各文の下線の動詞をもっとも適当と思われる過去形（複合過去、半過去あるいは大過去）にして書き直しなさい。
    1) Le lendemain je reviens à cette place, et il n'y a personne.
    2) Quand il arrive sur sa planète, la fleur se fâne déjà.
    3) Je vois un petit bonhomme tout à fait extraordinaire qui me considère gravement.
    4) Lorsque j'ai six ans je vois, une fois, une magnifique image.
    5) Je suis découragé dans ma carrière de peintre par les grandes personnes, à l'âge de six ans. Alors je ne sais pas dessiner.

4. 次のフランス語の文を日本語に訳しなさい。
   1) Comme je n'avais avec moi ni mécanicien, ni passagers, je me préparai à essayer de réussir, tout seul, une réparation difficile.
   2) S'il vous plaît… dessine-moi un mouton !
   3) Mais mon dessin, bien sûr, est beaucoup moins ravissant que le modèle.
   4) Or mon petit bonhomme ne me semblait ni égaré, ni mort de fatigue, ni mort de faim, ni mort de soif, ni mort de peur.
   5) Quand je réussis enfin à parler, je lui dis : «Mais… qu'est-ce que tu fais là ?»

5. 次の日本語の文をフランス語に訳しなさい。
   1) 部屋に入ってみると、だれもいなかったので、わたしはがっかりした。
   2) 彼女はその出来事について (sur cet événement)、まるで何も知らないかのようにわたしに話した。
   3) 私はのどがかわいて、空腹で、死にそうだった。
   4) 彼には妻も、子どもも、友人もいない。
   5) わたしたちが駅に着いたとき、列車はすでに (déjà) 出発した (partir) あとだった。

Dictée

1)

2)

3)

LEÇON 4   texte

«Ça ne fait⁴⁹ rien*¹. Dessine-moi un mouton.»
Comme*² je n'avais jamais dessiné un mouton je refis*³⁴⁹, pour lui, l'un des deux seuls dessins dont*⁴ j'étais capable. Celui du boa fermé. Et je fus*⁵❷ stupéfait d'entendre㉟ le petit bonhomme me répondre㉟:
«Non! Non! Je ne veux pas d'un éléphant dans un boa. Un boa c'est très dangereux, et un éléphant c'est très encombrant. Chez moi c'est tout petit. J'ai besoin d'un mouton. Dessine-moi un mouton.»
Alors j'ai dessiné.
Il regarda*⁶ attentivement, puis*⁷:
«Non! Celui-là*⁸ est déjà très malade. Fais⁴⁹-en*⁹ un autre.»
Je dessinai:
Mon ami sourit㉛ gentiment, avec indulgence:
«Tu vois㉑ bien… ce n'est pas un mouton, c'est un bélier.*¹⁰ Il a des cornes…»
Je refis*¹¹⁴⁹ donc encore mon dessin:
Mais il fut refusé, comme*¹² les précédents:
«Celui-là est trop vieux. Je veux㉔ un mouton qui vive*¹³㊷ longtemps.»

26 : vingt-six

1. Ça ne fait rien.：「そんなことはどうでもいい」 *cf.* «Ce n'est rien.», «Ce n'est pas grave.»
2. Comme…：接続詞の comme には、「〜するとき」（時間）「〜ので」（理由）という二通りの意味がある。(*dic.*) comme
3. refis：refaire の直説法単純過去三人称単数活用形。→ Leçon 3 grammaire 参照。(*dic.*) refaire
4. dont：前置詞 de を含む関係代名詞。関係詞節中の語句のいずれかと先行詞との関係で de が必要とされる場合に用いられる（先行詞は人でもものでもよい）。
5. fus：être の直説法単純過去一人称単数活用形。
6. regarda：regarder の直説法単純過去三人称単数活用形。
7. puis：「そして」「つぎに」 *cf.* «et puis», «ensuite» (*dic.*) puis
8. Celui-là：「それ」指示代名詞。→ Leçon 4 grammaire 参照。
9. Fais-en：en は中性代名詞。［不定冠詞＋名詞］や［前置詞 de＋名詞］に置き換わる。ここは肯定命令文であるために en が倒置されている。
10. «ce n'est pas un mouton, c'est un bélier.»：「それはヒツジじゃないよ、牡ヒツジだよ」王子さまの欲しがっている「ヒツジ」が野生の「ヒツジ」ではなく、飼いならされた「ヒツジ」(mouton) いわゆる去勢された「ヒツジ」であるということは興味深い。
11. refis：refaire の直説法単純過去一人称単数活用形。
12. comme：「〜と同様に」前置詞。
13. vive：vivre の接続法現在三人称単数活用形。→ Leçon 6 grammaire 参照。

LEÇON 4   texte (suite)

Alors, faute de*¹ patience, comme j'avais hâte de*² commencer le démontage de mon moteur, je griffonnai ce dessin-ci :

Et je lançai :

«Ça c'est la caisse. Le mouton que tu veux❷ est dedans*³.»

Mais je fus bien surpris de voir s'illuminer le visage de mon jeune juge*⁴ :

«C'est tout à fait comme ça que je le voulais❷ ! Crois❸-tu qu'il faille*⁵ beaucoup d'herbe à ce mouton ?

— Pourquoi ?

— Parce que chez moi c'est tout petit…

— Ça suffira*⁶❹ sûrement. Je t'ai donné un tout petit mouton.»

Il pencha la tête vers le dessin :

«Pas si petit que ça*⁷… Tiens !*⁸ Il s'est endormi❶…»

Et c'est ainsi que je fis❹ la connaissance du*⁹ petit prince.

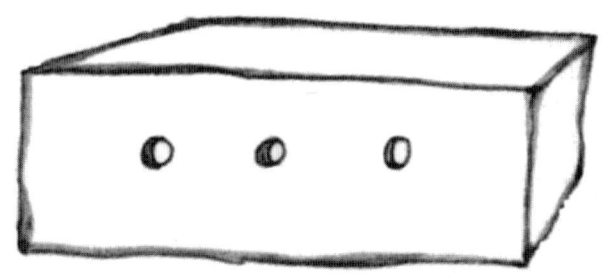

1. faute de：「〜が足りないために」さまざまな熟語を形成する。*ex.* «faute de mieux.» (*dic.*) faute
2. j'avais hâte de : avoir hâte de + *inf.*「〜（すること）をいそぐ」
3. dedans：「その中に」(*dic.*) dedans, dehors.
4. je fus bien surpris de voir s'illuminer le visage de mon jeune juge：「わたしは、わたしの若い判事の顔がかがやくのを見て、とてもおどろいた」être surpris de + *inf.*：「〜しておどろく」voir + [*inf.* + 目的語] あるいは [目的語 + *inf.*]：「〜が〜するのを見る」知覚動詞の用法。
5. il faille : falloir の接続法現在三人称単数活用形。ここは Crois-tu que…?「きみは〜と思う？」と、que 以下の節、疑問の内容に、話者の疑いのニュアンスが強いために接続法が使われている。→ Leçon 6 grammaire 参照。直説法現在の活用は il faut…
6. suffira : suffire の直説法単純未来三人称単数活用形。→ Leçon 4 grammaire 参照。
7. Pas si petit que ça：「そんなに小さすぎはしないよ」*cf.* si…que…：「〜ほど〜な」
8. Tiens！：間投詞。「ほら」「おや」など相手の注意をひこうとするときに用いられる表現。もとは、動詞 tenir の二人称単数形 tiens の命令法の用法「お取りなさい」から生じた。
9. je fis la connaissance du : faire la connaissance de…「〜と知り合いになる」

LEÇON 4　　grammaire

1. 指示代名詞　pronoms démonstratifs

A：性・数をもたない指示代名詞

ce (c')：
①目の前のもの、あるいは話題の人や物を指して「これ」「それ」「あれ」を表す。
　C'est le petit prince.（これが王子さまです。）
②関係代名詞の先行詞として、「～であるもの」を表す。
　Ce qui embellit le désert, c'est qu'il cache un puits quelque part.
　（砂漠が美しいのは、どこかに井戸をかくしているからだよ）

ceci, cela (ça)：
①**ceci**「これ」と **cela**「あれ」で遠近を対比する。会話では **cela** の代わりに **ça** がよく用いられる。
　Le petit prince n'aime pas **ceci**; mais il aime **cela**.
　（王子さまはこれは好きじゃなくて、あれがいいと言う）
　Ça c'est la caisse.
　（ほら、これは箱だ）

B：性・数の区別がある指示代名詞

　　　　m.s　　　　*f.s.*　　　　*m.pl.*　　　　*f.pl.*
　　　celui　　　**celle**　　　**ceux**　　　**celles**

①直前の物あるいは人である名詞を受けて「これ」「それ」「あれ」、「この人」「その人」「あの人」などを表す。
　L'un des deux seuls dessins dont j'étais capable. **Celui** du boa fermé.
　（わたしが描けるただひとつの絵の一方の絵。そう、ボアの外側のそれ（絵）だ）
　-ci（「こちらの」）、**-là**（「あちらの」）をつけ、遠近を表すこともできる。
　Celui-là est déjà très malade.
　（そちらのそれは（そのヒツジ）はもう病気している）
②関係代名詞の先行詞として、既出の名詞を受けて「～であるもの」、また既出の名詞を受けずに「～である人」を表す。
　Ce dessin est meilleur que **celui** qu'il a dessiné avant.
　（この絵は、まえに彼が描いたものよりもいい）

Le petit prince déteste ceux qui sont fiers d'eux-mêmes.
（王子さまは、自己満足した人たちをとてもきらっている）

2. 直説法単純未来　futur simple de l'indicatif

活用語尾				aimer	
je - rai	nous - rons		j' aime**rai**	nous	aime**rons**
tu - ras	vous - rez		tu aime**ras**	vous	aime**rez**
il - ra	ils - ront		il aime**ra**	ils	aime**ront**

A：活用

①不定詞形が – er 型の場合：一人称単数現在形が語幹になる。

　　　arriver　→　j'arrive　→　j'**arrive**rai

　　　acheter　→　j'achète　→　j'**achète**rai

②不定詞形が - ir 型 - re 型の場合：[不定詞形の r, re を除いた形＋語尾]

　　　finir　→　fini　→　je **fini**rai

　　　prendre　→　prend　→　je **prend**rai

③その他

　　　avoir　→　j'**au**rai　　　être　　→　je se**r**ai

　　　voir　→　je **ver**rai　　　pouvoir　→　je **pour**rai

　　　faire　→　je fe**r**ai　　　aller　　→　j'**i**rai

B：用法

①未来の出来事や行為、状態などを表す。

　Ça **suffira** sûrement.

　（それで十分たりるはずだよ）

　Ce **sera** tellement amusant ! Tu **auras** cinq cents millions de grelots.

　（そうしたら、ほんとにおもしろいよね！　五億の鈴がきみのものになるんだ）

②（二人称の場合）軽い命令を表す。（否定の場合は禁止）

　Tu **regarderas**, la nuit, les étoiles.

　（夜、星空をながめてごらんよ）

　Tu ne **viendras** pas ce soir.

　（こんばん来てはいけないよ）

LEÇON 4   exercices

1. 次の各文の下線の動詞を単純未来形にして書き直しなさい。
   1) Un boa c'<u>est</u> très dangereux, et un éléphant c'<u>est</u> très encombrant.
   2) J'<u>ai</u> besoin d'un mouton.
   3) La caisse <u>sert</u> au mouton de maison.
   4) Je te <u>donne</u> aussi une corde pour attacher le mouton pendant la journée.
   5) Il <u>faut</u> attendre que le soleil se couche.

2. 次の各文の下線の動詞を現在形にして書き直しなさい。
   1) Mon étoile, ça <u>sera</u> pour toi une des étoiles.
   2) Alors, toutes les étoiles, tu <u>aimeras</u> les regarder.
   3) Les étoiles <u>seront</u> toutes tes amies.
   4) La rose ne <u>pourra</u> pas vivre sans les soins du petit prince.
   5) Le petit prince <u>viendra</u> sur la Terre à la fin de son voyage.

3. （　）の中からことばを選び、次の各文の下線の名詞を指示代名詞を使って書き直しなさい。
   1) Ça c'est la caisse. <u>Le mouton</u> que tu veux est dedans.（Celui, Ceux, Celle, Celles）
   2) Le petit prince m'a dit qu'il préférait <u>ce dessin-là</u> à <u>ce dessin-ci</u>.（celle-ci, celle-là, celui-ci, celui-là）
   3) Tous <u>les hommes</u> qui ont entendu cette histoire ont été profondément touchés.（ceux, celles）
   4) <u>Ce mouton-là</u> est déjà malade.（Celui-là, Celui-ci, Celle-là, Celle-ci）
   5) Je connais deux drôles d'étoiles : <u>l'étoile</u> d'un vaniteux et <u>l'étoile</u> d'un buveur.（celui, ceux, celle, celles）

4. 次のフランス語の文を日本語に訳しなさい。
   1) Cette nuit, ça fera un an. Mon étoile se trouvera juste au-dessus de l'endroit où je suis tombé l'année dernière…
   2) Comme je n'avais jamais déssiné un mouton je refis, pour lui, l'un des deux seuls dessins dont j'étais capable.
   3) Je fus stupéfait d'entendre le petit bonhomme me répondre ainsi.
   4) Mon ami sourit gentiment, avec indulgence : «Tu vois bien… ce n'est pas un mouton, c'est un bélier. Il a des cornes…»
   5) C'est tout à fait comme ça que je le voulais ! Crois-tu qu'il faille beaucoup d'herbe à ce mouton ?

5. 次の日本語の文をフランス語に訳しなさい。
   1) あなたはどちらの絵を選びますか (choisir)？　こちらのこれ（絵）ですか、それとも (ou) あちらのあれ（絵）ですか？
   2) こんなふうにして、王子さまはキツネと知り合いになった。
   3) わたしには飛行機の絵は、あんまり複雑すぎて (beaucoup trop compliqué) 描けない。
   4) ぼく、きっと死んだようになる (avoir l'air de + *inf.*) だろうけど、それほんとうじゃないんだ……。
   5) それはボアの絵だね。ぼくはボアにのまれたゾウのそれ（絵）なんかほしくない。

Dictée

1)

2)

3)

LEÇON 5   texte

Chaque jour j'apprenais^㊱ quelque chose sur la planète, sur le départ, sur le voyage. Ça venait^⑳ tout doucement, au hasard des réflexions. C'est ainsi que, le troisième jour, je connus*1^㊴ le drame des baobabs.

Cette fois-ci encore ce fut^❷ grâce au mouton, car brusquement le petit prince m'interrogea, comme pris d'un doute grave :

«C'est bien vrai, n'est-ce pas, que les moutons mangent*2^❻ les arbustes ?

— Oui. C'est vrai.

— Ah ! Je suis content !»

Je ne compris㊱ pas pourquoi il était si important que les moutons mangeassent*3❻ les arbustes. Mais le petit prince ajouta :

«Par conséquent*4 ils mangent❻ aussi les baobabs ?»

Je fis㊾ remarquer au petit prince que les baobabs ne sont pas des arbustes, mais des arbres grands comme des églises et que, si même*5 il emportait avec lui*6 tout un troupeau d'éléphants, ce troupeau ne viendrait*7⑳ pas à bout d'*8un seul baobab.

L'idée du troupeau d'éléphants fit㊾ rire㉛ le petit prince :

«Il faudrait*9㉓ les mettre㉞ les uns sur les autres…»

Mais il remarqua avec sagesse :

«Les baobabs, avant de*10 grandir, ça commence❺ par*11 être petit.»

---

1. connus : connaître の直説法単純過去一人称単数活用形。
2. mangent : manger の接続法現在三人称複数活用形。第一群動詞（- er 型動詞）の場合、主語が Nous と Vous の時以外は、直説法現在形と同じ形になる。Nous と Vous の活用は、直説法半過去の活用を用いる。→ Leçon 6 grammaire 参照。
3. mangeassent : manger の接続法半過去三人称複数活用形。→ Leçon 7 grammaire 参照。
4. par conséquent :「したがって、つまり」(*dic.*) conséquent
5. si même + ［半過去形・大過去形］:「たとえ〜でも」même si… ともいう。
6. lui : 人称代名詞強勢形三人称単数男性形。ここは le petit prince を指す。
7. viendrait : venir の条件法現在三人称単数活用形。→ Leçon 5 grammaire 参照。
8. venir à bout de :「〜を（し）終える」ここでは一本のバオバブの木を食べ尽くすという意味。
9. faudrait : falloir の条件法現在三人称単数活用形。→ Leçon 5 grammaire 参照。
10. avant de + *inf.* :「〜するまえに（は）」
11. commence par : commencer par + *inf.* :「はじめに〜する」

LEÇON 5   texte (suite) ①/25

Et en effet*¹, sur la planète du petit prince, il y avait, comme sur toutes les planètes, de bonnes herbes et de mauvaises herbes. Par conséquent de*² bonnes graines de bonnes herbes et de mauvaises graines de mauvaises herbes. Mais les graines sont invisibles*³. Elles dorment⑱ dans le secret de la terre jusqu'à ce qu'il prenne*⁴㊱ fantaisie à l'une d'elles de se réveiller. Alors elle s'étire, et pousse d'abord timidement vers le soleil une ravissante petite brindille inoffensive. S'il s'agit d'une brindille de radis ou de rosier, on peut㉕ la laisser pousser comme elle veut㉑. Mais s'il s'agit d'une mauvaise plante, il faut㉓ arracher la plante aussitôt, dès qu'on a su*⁵㉙ la reconnaître㊴. Or il y avait des graines terribles sur la planète du petit prince… c'étaient les graines de baobabs. Le sol de la planète en*⁶ était infesté. Or un baobab, si l'on s'y prend*⁷㊱ trop tard, on ne peut㉕ jamais plus s'en*⁸ débarrasser. Il encombre toute la planète. Il la perfore de ses racines. Et si la planète est trop petite, et si les baobabs sont trop nombreux, ils la font㊾ éclater.

1. en effet：「実際に」「事実」熟語表現。(*dic.*) effet
2. de：複数形容詞のまえで、不定冠詞 des は de になる。de mauvaises graines の de も同様。
3. invisibles：「目に見えない」、visible「目に見える」とならんで、この小説の重要なキーワードのひとつ。〈目に見えるもの〉と〈目に見えないもの〉のイメージの対立は、冒頭のボアの2枚の絵に始まり物語の終末まで続いて行く。小説家はその対立を通して、終始〈目に見えないもの〉の重要性に読者の目を向かせようとしている。
4. prenne：prendre の接続法現在三人称単数活用形。jusqu'à ce que：「〜するまで」que 節の中の動詞は、接続法におかれる。→ Leçon 6 grammaire 参照。
5. on a su：savoir の直説法複合過去三人称単数活用形。savoir + *inf.*：「〜することができる」
6. en：de + n. に代わる中性代名詞。des graines de baobabs を指す。→ Leçon 5 grammaire 参照。
7. on s'y prend：s'y prendre「〜（に）取りかかる、（を）始める」
8. en：同様に中性代名詞。se débarrasser de…：「〜を追い払う」(*dic.*) se débarrasser

LEÇON 5　grammaire

1. 条件法現在　conditionnel présent 〔1-26〕

〈法〉（mode）は、「話主の心的態度を表す動詞の形態」という意味。フランス語の法には、直説法・条件法・接続法・命令法の 4 種類がある。条件法は、時制のひとつとして「過去における未来」を表すと同時に、「非現実の仮定」を表す条件節に対する帰結節（主節）の中で用いられる。

A：活用

	活用語尾				venir		
je	- **rais**	nous	- **rions**	je	vien**rais**	nous	vien**rions**
tu	- **rais**	vous	- **riez**	tu	vien**drais**	vous	vien**driez**
il	- **rait**	ils	- **raient**	il	vien**drait**	ils	vien**draient**

※上記 venir 活用は viendrais / viendrais / viendrait / viendrions / viendriez / viendraient

① 〈条件法現在形〉　条件法はその起源からもわかるように、〈直説法単純未来形の語幹＋半過去形の語尾〉を原則とする。条件法現在形の活用語尾は、すべての動詞に共通。したがって venir の場合 je viendrai → je **vien**d**rais**

partir の場合は je partirai → je **parti**rais

	être				avoir		
je	**serais**	nous	**serions**	j'	**aurais**	nous	**aurions**
tu	**serais**	vous	**seriez**	tu	**aurais**	vous	**auriez**
il	**serait**	ils	**seraient**	il	**aurait**	ils	**auraient**

② 〈条件法過去形〉　［助動詞 être あるいは avoir の条件法現在形］＋過去分詞

Je n'aurais jamais dû m'enfuir !

（ぼくは、ぜったいにげ出したりするべきじゃなかったんだ！）

B：用法

① 事実に反する仮定に基づき、起こり得る結果を表す。

	条件節（現在の事実に反する仮定）	帰結節（起こりうる結果）
	Si ［主語］＋［直説法半過去形］	［主語］＋［条件法現在］
	Si ［主語］＋［直説法大過去形］	［主語］＋［条件法過去形］

Si on **emportait** un troupeau d'éléphants, ce troupeau ne **viendrait** pas à bout d'un seul baobab.

（たとえゾウの群れを引き連れてきても、一本のバオバブの木を食べ尽くすことはできないだろう）

Si la rose n'**avait** pas **été** si exigeante, le petit prince ne **serait** pas **parti**.

（もしバラがそれほどわがままでなかったなら、王子さまは旅立たなかっただろう）

②語気の緩和

J'ai horreur des courants d'air. Vous n'**auriez** pas un paravent ?

（いやなのは風ですわ。ついたてはおもちにならないのですこと？）

2. 中性代名詞　pronoms neutres

中性代名詞は en, y, le の 3 つで、それぞれに用法が異なる。

en ［前置詞 de + *n.*］に置き換わる。

Le sol de la planète était infesté **de graines de baobabs**.

→ Le sol de la planète **en** était infesté.（星の地面にはそれがはびこっていた）

y ① ［前置詞 à + *n.*］に置き換わる。

Le petit prince pense toujours **à sa planète** pendant son voyage.

→ Le petit prince **y** pense toujours pendant son voyage.

（王子さまは旅の間、ずっとそのことを考える）

② ［(場所を示す前置詞) + *n.*］に置き換わり「そこ」の意味になる。

Tu n'as qu'à m'attendre **là où commence ma trace dans le sable**. Je serai **là** cette nuit.

→ Tu n'as qu'à m'**y** attendre. J'**y** serai cette nuit.

（そこでぼくをまっててくれればいいよ。こん晩ぼくはそこにゆくから）

le 形容詞・節・文などに置き換わる。

Ce mouton est malade. Non, je ne **le** crois pas.

（この羊は病気だ。いいや、ぼくはそれは思わないな）

LEÇON 5   exercices

1. 次の各文の下線の動詞を条件法現在形にして書き直しなさい。
   1) Les baobabs, avant de grandir, ça commence par être petit.
   2) J'habiterai dans l'une des étoiles, puisque je rirai dans l'une d'elles, alors ce sera pour toi comme si riaient toutes les étoiles.
   3) Il faut mettre les éléphants les uns sur les autres.
   4) S'il y avait un puits, nous voulons prendre de l'eau.
   5) Si les brindilles n'étaient pas celles de baobabs, on n'a pas besoin de les arracher.

2. 次の各文の下線の動詞を条件法過去形にして書き直しなさい。
   1) J'ai dû juger la fleur sur les actes et non sur les mots.
   2) Ce troupeau d'éléphants ne viendrait pas à bout d'un seul baobab.
   3) Ça venait tout doucement, au hasard des réflexions.
   4) Si la rose du petit prince avait été un peu plus docile, le petit prince n'est pas parti en voyage
   5) Si le petit prince n'était pas parti en voyage, il n'avait pas rencontré les grandes personnes, le pilote et le renard non plus.

3. 次の各文の下線の部分を、中性代名詞を使って書き直しなさい。
   1) On ne sait pas qu'il y avait, sur la planète du petit prince, de bonnes herbers et de mauvaises herbes.
   2) Les hommes doivent penser toujours à leurs avenir.
   3) Je vais mourir de soif parce qu'il n'y a plus d'eau à boire.
   4) Savez-vous à quoi servent les épines des roses ?
   5) Le petit prince est très content de la caisse qu'a dessinée le pilote.

4. 次のフランス語の文を日本語に訳しなさい。
   1) Chaque jour j'apprenais quelque chose sur la planète, sur le départ, sur le voyage. Ça venait tout doucement, au hasard des réflexions.
   2) Cette fois-ci encore ce fut grâce au mouton, car brusquement le petit prince m'interrogea, comme pris d'un doute grave.
   3) Je ne compris pas pourquoi il était si important que les moutons mangeassent les arbustes.
   4) Les graines sont invisibles. Elles dorment dans le secret de la terre jusqu'à ce qu'il prenne fantaisie à l'une d'elles de se réveiller.
   5) Or un baobab, si l'on s'y prend trop tard, on ne peut jamais plus s'en débarrasser. Il encombre toute la planète.

5. 次の日本語の文をフランス語に訳しなさい。
   1) もし晴れていたなら、外出するのになあ。
   2) もし戦争がなかったなら、サン＝テグジュペリ（Saint-Exupéry）は『星の王子さま』を書かなかっただろう。
   3) バオバブは小さな木ではないと、わたしは王子さまに指摘した。
   4) そんなことだとは（le）、わたしはまったく知らなかった（savoir）。
   5) あなたは自分の将来について考えますか？

Dictée
   1)
   2)
   3)

LEÇON 6   texte   2/1

Ainsi le petit prince, malgré*¹ la bonne volonté de son amour, avait vite douté de*² sa fleur. Il avait pris㊱ au sérieux des mots sans importance, et était devenu⓴ très malheureux.

«J'aurais dû㉘ ne pas l'écouter*³, me confia-t-il un jour*⁴, il ne faut㉓ jamais écouter les fleurs. Il faut les regarder et les respirer. La mienne*⁵ embaumait ma planète, mais je ne savais㉙ pas m'en réjouir*⁶. Cette histoire de griffes, qui m'avait tellement agacé, eût dû*⁷㉘ m'attendrir…»

Il me confia encore:

«Je n'ai alors rien su㉙ comprendre㊱! J'aurais dû㉘ la juger sur les actes et non sur les mots. Elle m'embaumait et m'éclairait. Je n'aurais jamais dû㉘ m'enfuir! J'aurais dû㉘ deviner sa tendresse derrière ses pauvres ruses! Les fleurs sont si contradictoires! Mais j'étais trop jeune pour savoir l'aimer*⁸.» […]

Je crois㊳ qu'il profita, pour son évasion, d'une migration d'oiseaux sauvages. […]

Il se trouvait dans la région des astéroïdes 325, 326, 327, 328, 329 et 330. Il commença❺ donc par les visiter pour y chercher une occupation et pour s'instruire㊼.

Le premier était habité par un roi. Le roi siégeait❻, habillé de pourpre et d'hermine, sur un trône très simple et cependant majestueux.

«Ah! Voilà un sujet!», s'écria le roi quand il aperçut㉗ le petit prince. Et le petit prince se demanda:

1. malgré：「〜にもかかわらず」前置詞。(*dic.*) malgré
2. avait vite douté de : douter de 「〜を疑う」(*dic.*) douter
3. J'aurais dû ne pas l'écouter：「花のいうことなんか聞いちゃいけなかったんだ」devoir の条件法過去一人称単数形活用。→ Leçon 5 grammaire 参照。
4. me confia-t-il un jour：「ある日王子さまはわたしに打ち明けた」直接話法の文がある場合、《　》中の王子さまのことばと区別するために、主語は倒置される。
5. la mienne：「ぼくのそれ（花）」所有代名詞→ Leçon 6 grammaire 参照。
6. m'en réjouir：「それを楽しむ」se réjouir de…：「〜を楽しむ」en は中性代名詞→ Leçon 5 grammaire 参照。
7. eût dû：「〜するはずだったんだ」接続法大過去三人称単数活用形→ Leçon 8 grammaire 参照。
8. j'étais trop jeune pour savoir l'aimer：「ぼくは若すぎて、愛してやることができなかった」trop… pour + *inf.*：「〜するには〜すぎる、あまりに〜ので〜だ」

LEÇON 6   texte (suite)   2/2

«Comment peut㉕-il me reconnaître㊴ puisqu'il ne m'a encore jamais vu㉑!»

Il ne savait㉙ pas que, pour les rois, le monde est très simplifié. Tous les hommes sont des sujets.

«Approche-toi*1 que je te voie㉑ mieux*2», lui dit㊻ le roi qui était tout fier d'être enfin roi pour quelqu'un. […]

Car le roi tenait⑳ essentiellement à ce que son autorité fût*3 respectée. Il ne tolérait pas la désobéissance. C'était un monarque absolu. Mais, comme il était très bon, il donnait des ordres raisonnables.

«Si j'ordonnais, disait-il couramment, si j'ordonnais à un général de se changer en oiseau de mer, et si le général n'obéissait pas, ce ne serait pas la faute du général. Ce serait ma faute.»

« Puis㉕-je*4 m'asseoir㉚? s'enquit㊾ timidement le petit prince.

— Je t'ordonne de t'asseoir㉚», lui répondit le roi, qui ramena⑧ majestueusement un pan de son manteau d'hermine.

Mais le petit prince s'étonnait. La planète était minuscule. Sur quoi*5 le roi pouvait㉕-il bien régner❼?

«Sire, lui dit㊻-il… […] sur quoi régnez❼-vous?

— Sur tout, répondit㉟ le roi, avec une grande simplicité.

— Sur tout?»

Le roi d'un geste discret désigna sa planète, les autres planètes et les étoiles.

1. Approche-toi：代名動詞 s'approcher の命令形。代名詞は倒置され、te ではなく、強勢形の toi が用いられる。
2. mieux：bien の比較級。plus bien は mieux、le plus bien は le mieux になる。→ Leçon 1 grammaire 参照。
3. fût：être の接続法半過去三人称単数活用形。→ Leçon 7 grammaire 参照。
4. Puis-je：pouvoir の直接法現在一人称単数活用形の倒置による疑問文の場合、peux ではなく、puis という活用形を用いる。
5. Sur quoi：前置詞のついた疑問代名詞は、「人」についてはそのまま qui を用いるが、「もの」に関しては quoi を使う。→ Leçon 6 grammaire 参照。

LEÇON 6　　grammaire

1. 接続法現在　présent du subjonctif

活用語尾　　　　　　　　　　　aimer

je	- e	nous	- ions		j'	aime	nous	aim**ions**
tu	- es	vous	- iez		tu	aime**s**	vous	aim**iez**
il	- e	ils	- ent		il	aime	ils	aim**ent**

A：活用

　　je, tu, il, ils（一人称単数・二人称単数・三人称単数・三人称複数）の活用語尾は、第一群規則動詞（- er 型）の語尾。nous, vous（一人称複数・二人称複数［単数］）の語尾は、直説法半過去形の語尾。

　　語幹は、直説法現在三人称複数形の語幹を使う　　ils fini**ssent** → je fini**sse**
　　　　　　　　　　　　　　　　　　　　　　　　　　ils part**ent** → je part**e**

　　例外として特殊な語幹をもつもの　　savoir → je **sache**, pouvoir → je **puisse**
　　　　　　　　　　　　　　　　　　　faire → je **fasse**, falloir → il **faille**

　　2種類の語幹をもつもの　　aller → j'**aille**　　　　nous **allions**
　　　　　　　　　　　　　　 vouloir → je **veuille**　　nous **voulions**
　　　　　　　　　　　　　　 valoir → je **vaille**　　　nous **valions**

例外　　　　　　avoir　　　　　　　　　　　　être

	j'	aie	nous	ayons		je	sois	nous	soyons
	tu	aies	vous	ayez		tu	sois	vous	soyez
	il	ait	ils	aient		il	soit	ils	soient

B：用法

　　観念として思い浮かべられた事柄に関して話主の主観的な判断を示すような場合、従属節中で用いられる。

①主節の動詞が意志・願望・恐れなどの感情を表すとき、従属節で用いられる。
　Le petit prince est content que le pilote lui **dessine** une caisse pour le mouton.
　（王子さまは飛行士にヒツジの箱を描いてもらってうれしがっている）
②croire, penser などが疑問や否定の形に置かれるとき、その従属節で用いられることが多い。
　Crois-tu qu'il **faille** beaucoup d'herbe à ce mouton?
　（このヒツジはたくさん草を食べると思う）

③目的・条件・譲歩などを表す副詞句のあとで用いられる。

Tu regarderas, la nuit, les étoiles. C'est trop petit chez moi pour que je te **montre** où se trouve la mienne.

（夜、星空をながめてごらんよ。ぼくの星はあんまり小さいものだから、どこにあるのかきみにはわからないだろう）

2. 所有代名詞　pronoms possessifs

所有代名詞「～のもの」は、所有されている名詞の性・数に応じて変化する。それを主語との対比により、表にすると以下のようになる。

	m.s.	*f.s.*	*m.pl.*	*f.pl.*
je	le mien	la mienne	les miens	les miennes
tu	le tien	la tienne	les tiens	les tiennes
il, elle	le sien	la sienne	les siens	les siennes
nous	le nôtre	la nôtre	les nôtres	
vous	le vôtre	la vôtre	les vôtres	
ils, elles	le leur	la leur	les leurs	

A：用法

［所有形容詞＋ *n.*］に代わる。

La mienne（＝ ma fleur）embaumait ma planète.

（ぼくの花は、ぼくの星にいい香りをくれた）

Le petit prince, qui me posait beaucoup de questions, ne semblait jamais entendre **les miennes**（＝ mes questions）.

（王子さまは、わたしにはたくさんの質問をするのに、わたしの質問にはいつもきまって聞こえないそぶりをするのだった）

3. 前置詞とともに用いられる疑問代名詞

pronoms interrogatifs précédés d'une préposition

①人の場合　［前置詞＋ qui］の形になる

Avec qui parle le petit prince ?

（王子さまはだれと話していますか？）

②ものの場合　［前置詞＋ quoi］の形になる

Sire,… **sur quoi** régnez-vous ?

（へいかは……なにをおさめていらっしゃるのですか？）

LEÇON 6　　exercices

1. 次の各文の下線の動詞を接続法現在形にして正しく書き直しなさい。
    1) Le pilote a peur qu'il <u>arrive</u> quelque chose au petit prince.
    2) Mais où veux-tu qu'il <u>va</u>!
    3) Je désire qu'on <u>prend</u> mes malheurs au sérieux.
    4) Il faut que le petit prince <u>part</u> tout de suite.
    5) Pour qu'il <u>rentre</u> chez lui, le petit prince doit laisser son corps qui est trop lourd.

2. 次の各文の下線の動詞を正しく直説法に直しなさい。
    1) Je crois qu'il <u>faille</u> beaucoup d'herbe à ce mouton.
    2) Le petit prince cherche un mouton qui <u>puisse</u> habiter sur sa planète.
    3) Nous croyons que le roi ne <u>soit</u> pas très gentil.
    4) Le roi pense que toutes les choses dans l'univers lui <u>obéissent</u>.
    5) Les gens ont des étoiles qui ne <u>soient</u> pas les mêmes.

3. 次の各文の下線の部分を、所有代名詞を使って書き直しなさい。
    1) Je préfère <u>mon appartement</u> à <u>son appartement</u>.
    2) Le roi paraît être content de <u>sa planète</u>.
    3) Le petit prince rencontre dans un jardin cinq mille roses toutes semblables à <u>sa fleur</u>.
    4) Crois-tu que <u>ton mouton</u> mange beaucoup d'herbe?
    5) Le renard, d'abord, ne pense pas que le petit prince soit <u>son ami</u>.

4. 次のフランス語の文を日本語に訳しなさい。
   1) Ainsi le petit prince, malgré son amour, avait vite douté de sa fleur.
   2) Je n'aurais dû la juger sur les actes et non sur les mots.
   3) J'aurais dû deviner sa tendresse derrière ses pauvres ruses !
   4) Le roi tenait essentiellement à ce que son autorité fût respectée. Il ne tolérait pas la désobéissance.
   5) Si j'ordonnais à un général de se changer en oiseau de mer, et si le général n'obéissait pas, ce ne serait pas la faute du général. Ce serait ma faute.

5. 次の日本語の文をフランス語に訳しなさい。
   1) 何かたいへんなこと（quelque chose de catastrophique）がおこるのではないかと、飛行士は恐れている（craindre que + *subj.*）。
   2) でも、わたしは、わたしの本を軽い気持ちで（à la lérère）読んでは（lire）もらいたくないんだ。
   3) ぼくの家はきみの家（la tienne）より大きいよ。
   4) 王子さまは、だれと（avec qui）話をしているのですか？
   5) ここにすわってもよろしいでしょうか？

Dictée

1) _____

2) _____

3) _____

LEÇON 7   texte   (2/7)

La septième planète fut❷ donc la Terre.

La Terre n'est pas une planète quelconque*¹ ! On y compte*² cent onze rois (en n'oubliant pas*³, bien sûr, les rois nègres), sept mille géographes, neuf cent mille businessmen, sept millions et demi d'ivrognes, trois cent onze millions de vaniteux, c'est-à-dire*⁴ environ deux milliards de grandes personnes.

Pour vous donner une idée des dimensions de la Terre je vous dirai㊻ qu'avant l'invention de l'électricité on y devait㉘ entretenir⓴, sur l'ensemble des six continents, une véritable armée de quatre cent soixante deux mille cinq cent onze allumeurs de réverbères.

Vu d'un peu loin ça faisait㊾ un effet splendide. Les mouvements de cette armée étaient réglés comme ceux*⁵ d'un ballet d'opéra. D'abord venait⓴ le tour des allumeurs de réverbères de Nouvelle-Zélande*⁶ et d'Australie*⁷. Puis ceux-ci, ayant allumé*⁸ leurs lampions, s'en allaient⓮ dormir⓭. Alors entraient à leur tour dans la danse les allumeurs de réverbères de Chine et de Sibérie*⁹. Puis eux aussi s'escamotaient dans les coulisses.

1. quelconque：「何らかの」不定形形容詞。(*dic.*) quelconque
2. On y compte：「そこには〜だけの数がある」ここは Il y a… と同じような意味で使われている。
3. en n'oubliant pas：「わすれないとしても」分詞節〈ジェロンディフ〉→ Leçon 7 grammaire 参照。
4. c'est-à-dire：「つまり」(*dic.*) dire
5. ceux：指示代名詞→ Leçon 4 grammaire 参照。
6. Nouvelle-Zélande：「ニュージーランド」
7. D'abord venait le tour des allumeurs de réverbères de Nouvelle-Zélande et d'Australie.：この文では、主語が倒置されている。主語が人称代名詞以外の名詞で、しかも比較的長く、［主語＋動詞］の構文の時、主語を倒置し［動詞＋主語］の順序になることがある。その傾向は、とくに書き言葉の文章に多く見られる。D'abord：「はじめに」、「つぎに」は Puis.
8. ayant allumé：「灯をともすと」分詞節→ Leçon 7 grammaire 参照。
9. Sibérie：「シベリア」

LEÇON 7   texte (suite)

Alors venait[20] le tour des allumeurs de réverbères de Russie et des Indes. Puis de ceux d'Afrique et d'Europe. Puis de ceux d'Amérique du Sud. Puis de ceux d'Amérique du Nord. Et jamais ils ne se trompaient dans leur ordre d'entrée en scène. C'était grandiose.

Seuls, l'allumeur de l'unique réverbère du pôle Nord, et son confrère de l'unique réverbère du pôle Sud, menaient[8] des vies d'oisiveté et de nonchalance : ils travaillaient deux fois par an.

Quand on veut❷ faire❹ de l'esprit*1, il arrive que l'on mente*2⓲ un peu. Je n'ai pas été très honnête en vous parlant*3 des allumeurs de réverbères. Je risque de*4 donner une fausse idée de notre planète à ceux qui ne la connaissent❸ pas. Les hommes occupent très peu de place sur la Terre. Si les deux milliards d'habitants qui peuplent la Terre se tenaient❷ debout*5 et un peu serrés, comme pour un meeting, ils logeraient*6 aisément sur une place publique de vingt milles de long sur vingt milles de large*7. On pourrait*8❷ entasser l'humanité sur le moindre petit îlot du Pacifique.

1. Quand on veut faire de l'esprit：「しゃれたことをいおうとすると」
2. mente：mentir「うそをつく」の接続法現在三人称単数活用形。il arrive que + subj. (ind.)：「～ということがある、起こる」que 以下の節の動詞を接続法におくか、直説法におくかは、「起こる」事実の〈確実性〉の度合いによる。
3. en vous parlant：「話しつつ」分詞節〈ジェロンディフ〉→ Leçon 7 grammaire 参照。
4. risque de：risquer de + inf.「～する恐れがある」
5. se tenaient debout：se tenir debout「起立する、立ち上がったままでいる」
6. logeraient：loger の条件法現在三人称複数活用形。Si les deux milliards d'habitants... は条件節。
7. de long：「縦（高さ）～の」de large：「横（幅）～の」
8. pourrait：pouvoir の条件法現在三人称単数活用形。

cinquante-trois：53

LEÇON 7　　grammaire

1. 分詞節 proposition participe

現在分詞、過去分詞などの分詞を含む語群が節をなすものを分詞節といい、文脈に応じてつぎのようにさまざまな意味を持つ。
① 〈時・同時性〉「〜しながら、〜して」（同時性を表すのは現在分詞の場合）
② 〈手段・様態〉「〜で、〜することによって」
③ 〈理由・原因〉「〜なので、〜のために」
④ 〈条件〉「〜すれば」
⑤ 〈対立・譲歩〉「〜なのに」

　　Vu d'un peu loin ça faisait un effet splendide.
　　（それは、すこし遠くからながめてみると、すばらしい光景に見えてくるんだ）〈条件〉

　　Puis ceux-ci, **ayant allumé** leurs lampions, s'en allaient dormir.
　　（かれらはカンテラに灯をともすとねむりにつく）〈時〉 ── 分詞が独自の主語をもつものを**絶対分詞節**という。ここでは、現在分詞は複合形になっており、〈完了〉を表している。

＊〈en + 現在分詞〉の形を**ジェロンディフ**という。現在分詞、過去分詞が形容詞的であるのに対して、ジェロンディフは副詞的に修飾する。
　　On y compte cent onze rois（**en n'oubliant pas**, bien sûr, les rois nègres), sept mille géographes, (…)（地球には百十一人もの王さまがいて《もちろん、黒人の王さまのこともわすれずに加えての話だ》七千人の地理学者と…）

　　Je n'ai pas été très honnête **en vous parlant** des allumeurs de réverbères.
　　（点灯夫の話では、わたしはすこし大げさにいいすぎたかもしれない）

2. 接続法過去 passé du subjonctif

接続法過去は複合時制であり、つぎのような形になる。

主語＋［助動詞（avoir あるいは être）の接続法現在形＋過去分詞］（＋目的語）

Le roi est heureux que soit venu le petit prince.
（王さまは、王子さまがきたのでよろこんでいる）

3. 接続法半過去 imparfait du subjonctif

A：活用

活用語尾　　　　　　　　　**aimer**

je	- **se**	nous	- **sions**	j' aimas**se**	nous	aimas**sions**
tu	- **ses**	vous	- **siez**	tu aimas**ses**	vous	aimas**siez**
il	- ˆ**t**	ils	- **sent**	il aimât	ils	aimas**sent**

① 語幹は、直説法単純過去二人称単数形の語幹を使う tu **finis** → je finisse
　三人称単数活用形には、語尾のひとつ手前の母音字に ˆ をつける。
② avoir と être の接続法半過去活用形は以下の通り。

	avoir				**être**		
j'	**eusse**	nous	**eussions**	je	**fusse**	nous	**fussions**
tu	**eusses**	vous	**eussiez**	tu	**fusses**	vous	**fussiez**
il	**eût**	ils	**eussent**	il	**fût**	ils	**fussent**

B：用法

Je ne compris pas pourquoi il était si important que les moutons **mangeassent** les arbustes.
（ヒツジがちっちゃな木を食べることがどうしてそんなにいいことなのか、わたしにはわからなかった）

Le roi tenait essentiellement à ce que son autorité **fût** respectée.
（王さまというものは、自分のけんいが重んじられることをなによりたいせつに思うものなんだ）

LEÇON 7   exercices

1. 次の各文の下線の動詞を接続法過去形にして正しく書き直しなさい。
   1) D'abord, dans le désert, le petit prince croit-il qu'il <u>est venu</u> sur la Terre ?
   2) Il semble que le petit prince <u>a eu</u> des difficultés avec une fleur.
   3) Le pilote a peur qu'il <u>arrive</u> quelque chose au petit prince.
   4) Le renard, c'est le meilleur ami qu'<u>a trouvé</u> le petit prince.
   5) Il se peut qu'il*¹ <u>a abandonné</u> sa mauvaise habitude.

2. 次の各文の下線の動詞を接続法半過去形にして正しく書き直しなさい。
   1) Quand on voulait faire de l'esprit, il arrivait que l'on <u>mente</u> un peu.
   2) Le pilote s'est inquiété*² de ce que le mouton <u>mange</u> la rose du petit prince.
   3) Il a fallu que le petit prince <u>parte</u> pour une autre planète que celle du roi.
   4) Pour regarder les couchers du soleil, il suffisait au petit prince, sur sa planète, de tirer sa chaise de quelques pas avant que le soleil ne*³ <u>se couche</u>.
   5) Il était impossible que le pilote <u>empêche</u> le petit prince de partir.

3. 次の2つの文を、分詞節を使って1つの文に書き直しなさい。
   1) Le petit prince était assis sur le sable. Il regardait les étoiles.
   2) Le pilote travaille. Il parle avec le petit prince.
   3) Le petit prince passe chez le roi. Il arrive sur la planète du vaniteux.
   4) On ne verra pas bien les choses. Si l'on ne voit pas avec le cœur.
   5) Le petit prince est tombé sur le sable. Il n'a même pas fait de bruit.

1. il se peut que + *subj.*:「〜するかもしれない、〜することがありうる」
2. s'est inquiété : s'inquiéter de + *inf.*（de ce que + *subj.*）「〜を気にかける」
3. avant que le soleil ne se couche : avant que ne + *subj.* この ne は〈虚辞〉の ne と呼ばれ、ことばとして否定の意味はない。潜在的否定の観念が表現の内にあるために使われるもので、従属節中で pas をともなわずに用いられる。会話ではほとんど用いられることはない。日本語の「日の暮れないうちに」というような表現に見られるものと類似している。

4. 次のフランス語の文を日本語に訳しなさい。
   1) La Terre n'est pas une planète quelconque !
   2) Les mouvements de cette armée étaient réglées comme ceux d'un ballet d'opéra.
   3) Seuls, l'allumeur de l'unique réverbère du pôle Nord, et son confrère de l'unique réverbère du pôle Sud, menaient des vies d'oisiveté et de nonchalance : ils travaillaient seulement deux fois par an.
   4) On pourrait entasser l'humanité sur le moindre petit îlot du Pacifique.
   5) La preuve que le petit prince a existé c'est qu'il était ravissant, qu'il riait, et qu'il voulait un mouton.

5. 次の日本語の文をフランス語に訳しなさい。
   1) ほんとうのことを言おう (dire) とすると、わたしはどうしても緊張してしまう (devenir tendu)。
   2) 王子さまの花は、ありふれたバラの花だったらしい (il semble que + *subj.*)。
   3) 飛行士は、王子さまがべつの星からやって来たことにおどろいている (être étonné que + *subj.*)。
   4) テレビを見ながら勉強するのはやめなさい。
   5) かのじょは、砂浜にすわって海をながめていた。

Dictée

1) _____

2) _____

3) _____

LEÇON 8 texte ②/13

Le petit prince s'assit㉚ sur une pierre et leva❽ les yeux vers le ciel:

«Je me demande, dit-il, si les étoiles sont éclairées afin que chacun puisse*1㉕ un jour retrouver la sienne*2. Regarde ma planète. Elle est juste au-dessus de nous... Mais comme*3 elle est loin!

— Elle est belle, dit㊻ le serpent. Que viens⑳-tu faire㊾ ici?

— J'ai des difficultés avec une fleur, dit㊻ le petit prince.

— Ah!» fit*4㊾ le serpent.

Et ils se turent*5㊽.

«Où sont les hommes? reprit㊱ enfin le petit prince. On est un peu seul dans le désert...

— On est seul aussi chez les hommes», dit㊻ le serpent.

[...]

Le petit prince fit㊾ l'ascension d'une haute montagne. Les seules montagnes qu'il eût jamais connues*6㊴ étaient les trois volcans qui lui arrivaient au genou. Et il se servait⑱ du volcan éteint comme d'un tabouret. «D'une montagne haute comme celle-ci, se dit㊻-il*7 donc, j'apercevrai㉗ d'un coup toute la planète et tous les hommes...» Mais il n'aperçut㉗ rien que*8 des aiguilles de roc bien aiguisées.

1. puisse : pouvoir の接続法現在三人称単数活用形。ここで接続法が使われているのは afin que…（〜するために）という副詞節中の動詞であるから。→ Leçon 8 grammaire 参照。
2. la sienne：所有代名詞。ここでは son étoile を指す。→ Leçon 6 grammaire 参照。
3. comme…！：感嘆文。ほかに Que…！ Ce que…！などの表現がある。
4. fit : faire（「する」）の単純過去三人称単数活用形。ここでは、動詞 dire の反復を避けるために使われている。
5. ils se turent：代名動詞 se taire の単純過去三人称複数活用形。(*dic.*) se taire
6. il eût jamais connues : connaître の接続法大過去三人称単数活用形。→ Leçon 8 grammaire 参照。過去分詞 connu が connues と女性複数になっているのは、直接目的語 les seules montagnes が過去分詞の前にあるため。avoir を助動詞にとる複合時制における過去分詞と直接目的語との性・数の一致。→ Leçon 8 grammaire 参照。
7. se dit-il : se dire「（自分自身に言う）思う」
8. il n'aperçut rien que… :「〜以外ほかにはなにも見あたらなかった」否定の表現。ne 〜 que と ne 〜 rien が組み合わさった形の否定表現。さまざまな否定の表現→ Leçon 2 grammaire 参照。

LEÇON 8   texte (suite)

«Bonjour, dit⁴⁶-il à tout hasard.
— Bonjour… Bonjour… Bonjour…, répondit³⁵ l'écho.
— Qui êtes-vous ? dit⁴⁶ le petit prince.
— Qui êtes-vous… qui êtes-vous… qui êtes-vous…, répondit³⁵ l'écho.
— Soyez❷ mes amis*¹, je suis seul, dit-il.
— Je suis seul… je suis seul… je suis seul…*²», répondit³⁵ l'écho.
[…]

Mais il arriva que le petit prince, ayant❶ longtemps marché à travers les sables, les rocs et les neiges, découvrit¹⁶ enfin une route. Et les routes vont¹⁴ toutes chez les hommes.
«Bonjour», dit⁴⁶-il.
C'était un jardin fleuri de roses. […]
«Qui êtes-vous ? leur demanda-t-il, stupéfait.
— Nous sommes des roses, dirent⁴⁶ les roses.
— Ah !» fit⁴⁹ le petit prince…

Et il se sentit⑱ très malheureux. Sa fleur lui avait raconté qu'elle était seule de son espèce dans l'univers. Et voici qu'il en était cinq mille, toutes semblables, dans un seul jardin !

«Elle serait❷ bien vexée, se dit㊻-il, si elle voyait㉑ ça… elle tousserait énormément et ferait㊾ semblant de mourir⑲ pour échapper au ridicule. Et je serais❷ bien obligé de faire㊾ semblant de la soigner, car, sinon*3, pour m'humilier moi aussi, elle se laisserait vraiment mourir⑲…»

1. Soyez: être の命令法現在活用形。avoir と être の命令法現在形。→ Leçon 8 grammaire 参照。
2. «je suis seul» という王子さまの孤独の叫びは、砂漠におけるヘビとのやりとりの中で使われる表現：«On est seul dans le désert.», «On est seul aussi chez les hommes.» とともに、キツネとの交わりによって王子さまが経験することになる「唯一の」(unique) 存在との〈出会い〉のテーマに通じる伏線として、描かれている。
3. sinon：「さもないと」(*dic.*) sinon

soixante et un：61

LEÇON 8　grammaire

1. 接続法大過去　plus-que-parfait du subjonctif

接続法大過去は複合時制であり、つぎのような形になる。

主語＋［助動詞（avoir あるいは être）の接続法半過去形＋過去分詞］（＋目的語）

* 助動詞に avoir を用いるか être を用いるかは、複合過去の場合と同じ区別に従う。
  Les seules montagnes qu'il **eût** jamais **connues** étaient les trois volcans qui lui arrivaient au genou.[1]（かれが知っていた山といえば、ひざの高さくらいの三つの火山だけだった）

* また接続法大過去には、文語的な用法として、**条件法過去第 2 型**という用法がある。
  Cette histoire de griffes, qui m'avait tellement agacé, **eût dû** m'attendrir …
  （あのトラのつめの話でも、ぼくはひどくいらだってしまったけれど、ほんとうはかわいいやつって思うことだってできたはずさ…）
  この文は、つぎのように書くことができる。
  Cette histoire de griffes qui m'avait tellement agacé **aurait dû** m'attendrir …

2. 接続法を要求する表現のまとめ　expressions avec le subjonctif

つぎのような語句が主節において使われているとき、従属節において、動詞は接続法におかれる。

　　動詞：vouloir que / souhaiter que / désirer que ＋ *subj.* （欲する）
　　　　　exiger que ＋ *subj.*（要求する）　　　craindre que（ne）＋ *subj.*（恐れる）
　　　　　regretter que ＋ *subj.*（残念に思う）　douter que ＋ *subj.*（疑う）

　　形容詞：être heureux / content que ＋ *subj.*（～してうれしい）
　　　　　　être étonné / surpris que ＋ *subj.*（～におどろいている）
　　　　　　être triste / malheureux que ＋ *subj.*（～して悲しい、残念だ）

1. この文での接続法の使用は、「最上級またはそれに類する修飾語句を持つ名詞を修飾する形容詞節である」ため。実際には seul（「唯一の」）という形容詞が montagnes を修飾しているため。

非人称構文： Il faut que + *subj.*（〜しなければならない）
　　　　　　Il est possible que / Il se peut que + *subj.*（〜かもしれない）
　　　　　　Il est impossible que + *subj.*（〜はありえない）
　　　　　　Il semble que + *subj.*（〜らしい）
　　　　　　Il est nécessaire que + *subj.*（〜は必要だ）
　　　　　　Il vaut mieux que + *subj.*（〜するほうがよい）

副詞節： afin que / pour que + *subj.*（〜するために）
　　　　avant que（ne）+ *subj.*（〜するまえ［まで］に）
　　　　jusqu'à ce que + *subj.*（〜するまで）
　　　　bien que / quoique + *subj.*（〜にもかかわらず）

3. 命令法現在　impératif présent

動詞の活用形（主語が tu / nous / vous の場合の活用形［第一群動詞 – er 型の場合と aller の場合は、主語 tu の活用形の s をおとす］）を文頭におくことで命令を表す。ただし être, avoir, savoir は独自の命令法現在形をもつ。

	être	avoir	savoir
（tu に対して）	Sois	Aie	Sache
（nous に対して）	Soyons	Ayons	Sachons
（vous に対して）	Soyez	Ayez	Sachez

4. 複合時制における過去分詞　forme composée du participe passé

①複合時制において、助動詞が être のとき、過去分詞は主語に性・数を一致させる。
②複合時制において、助動詞が avoir のときは、直接目的語が過去分詞より前に位置する場合にかぎり、過去分詞を直説目的語と性・数を一致させる。

La seule **fleur** qu'ait connu**e** le petit prince était sa rose sur sa planète.
（王子さまが知ったたったひとつの花はかれの星にさいたバラの花だった）
C'étaient des **montagnes** qu'il n'avait jamais vu**es**.
（それはかれが見たこともないような山だった）
Il ne **les** avait jamais vu**es**.（les = les montagnes）
（かれはそれを見たことがなかった）

LEÇON 8　　exercices

1. 次の各文の下線の動詞を接続法大過去形にして正しく書き直しなさい。
    1) Le petit prince dit :《J'aurais dû la juger sur les actes et non sur les mots. Je n'aurais jamais dû m'enfuir !》
    2) Le renard dit au petit prince :《Il aurait mieux valu revenir à la même heure.》
    3) Il était possible que le petit prince n'était pas parti en voyage.
    4) Le petit prince regrettait un peu qu'il avait laissé sa fleur toute seule chez lui.
    5) Le serpent était très étonné que le petit prince avait été tout seul dans le désert.

2. 次の各文を、接続法を用いて正しく書き直しなさい。
    1) Il a fallu que le petit prince rentre chez lui.
    2) Le pilote était surpris que le petit prince parlait avec le serpent.
    3) Il semble que quelque chose d'extraordinaire va se produire.
    4) Le pilote veut que le petit prince ne part pas encore.
    5) C'est la seule fleur que le petit prince a connue.

3. 次の各文を命令文に書き直しなさい。
    1) Tu viens t'asseoir ici.
    2) Tu vas chercher ton ami chez lui.
    3) Nous ne fumons plus de cigarettes.
    4) Vous avez du courage.
    5) Vous êtes gentil avec les personnes âgées.

4. 次のフランス語の文を日本語に訳しなさい。
   1) Les seules montagnes qu'il eût jamais connues étaient les trois volcans qui lui arrivaient au genou.
   2) D'une montagne haute comme celle-ci, j'apercevrai d'un coup toute la planète et tous les hommes.
   3) Le petit prince dit : «Soyez mes amis, je suis seul….»
   4) Sa fleur lui avait raconté qu'elle était seule de son espèce dans l'univers.
   5) Je serais bien obligé de faire semblant de la soigner, car, sinon, pour m'humilier moi aussi, elle se laisserait vraiment mourir…

5. 次の日本語の文をフランス語に訳しなさい。
   1) 「ぼくの友だちになってよ」と、王子さまはキツネにいった。
   2) わたしたちがながめている星のひとつ（l'une des étoiles）に、王子さまはいるのだろう。
   3) でもなんて遠いんだろう、王子さまの星は！
   4) もうじき大きな地震（un grand tremblement de terre）が起きるかもしれない。
   5) フランス語を勉強する（apprendre le français）なら、毎日すこしずつやる方がいい。

Dictée

1)

2)

3)

LEÇON 9   texte   ②20

C'est alors qu'apparut[39] le renard :
«Bonjour, dit[46] le renard.
— Bonjour, répondit[35] poliment le petit prince, qui se retourna mais ne vit rien.
— Je suis là, dit[46] la voix, sous le pommier…
— Qui es-tu ? dit[46] le petit prince. Tu es bien joli…
— Je suis un renard, dit[46] le renard.
— Viens[20] jouer avec moi, lui proposa le petit prince. Je suis tellement triste…

— Je ne puis*1㉕ pas jouer avec toi, dit㊻ le renard. Je ne suis pas apprivoisé.
　— Ah ! pardon», fit㊾ le petit prince.
　Mais, après réflexion, il ajouta :
　«Qu'est-ce que signifie "apprivoiser"*2 ?
　[...]
　— C'est une chose trop oubliée, dit㊻ le renard. Ça signifie "créer des liens…".
　— Créer des liens ?
　— Bien sûr, dit㊻ le renard. Tu n'es encore pour moi qu'un petit garçon tout semblable à cent mille petits garçons. Et je n'ai pas besoin de toi. Et tu n'as pas besoin de moi non plus. Je ne suis pour toi qu'un renard semblable à cent mille renards. Mais, si tu m'apprivoises, nous aurons❶ besoin l'un de l'autre. Tu seras❷ pour moi unique au monde. Je serai❷ pour toi unique au monde… [...]»

1. puis : pouvoir の直説法現在一人称単数活用形。peux の形がふつう用いられるが、倒置の疑問文の場合 (Puis-je..?) と文語体の文章でまれに使われることがある。
2. apprivoiser : 文字通り、動物などを「飼いならすこと」の意。ここで、「友だちになること」を、キツネが自分の語彙を使ってそのように表現しているのはおもしろい。しかし、キツネは同時に "apprivoiser" を定義して "créer des liens"(絆をつくり出すこと)といっている。「存在」と「存在」を結ぶ「目に見えない」〈絆〉のイメージは、この小説で最も重要なテーマのひとつである。

LEÇON 9   texte (suite)

Mais le renard revint[20] à son idée :

« Ma vie est monotone. Je chasse les poules, les hommes me chassent. Toutes les poules se ressemblent, et tous les hommes se ressemblent. Je m'ennuie[12] donc un peu. Mais, si tu m'apprivoises, ma vie sera comme ensoleillée. Je connaîtrai[39] un bruit de pas qui sera différent de tous les autres. Les autres pas me font[49] rentrer sous terre. Le tien m'appellera[9] hors du terrier, comme une musique. Et puis regarde ! Tu vois[21], là-bas, les champs de blé ? Je ne mange[6] pas de pain. Le blé pour moi est inutile. Les champs de blé ne me rappellent[9] rien. Et ça, c'est triste ! Mais tu as des cheveux couleur d'or. Alors ce sera merveilleux quand tu m'auras apprivoisé*[1] ! Le blé, qui est doré, me fera[49] souvenir[20] de toi. Et j'aimerai le bruit du vent dans le blé… »

Le renard se tut[48] et regarda longtemps le petit prince :

« S'il te plaît[48]… apprivoise-moi ! dit[46]-il.

— Je veux❷ bien, répondit❸ le petit prince, mais je n'ai pas beaucoup de temps. J'ai des amis à découvrir⓰ et beaucoup de choses à connaître.

— On ne connaît❸ que les choses que l'on apprivoise*2, dit⓯ le renard. Les hommes n'ont plus le temps de rien connaître❸. Ils achètent❽ des choses toutes faites chez les marchands. Mais comme il n'existe point de marchands d'amis, les hommes n'ont plus d'amis. Si tu veux❷ un ami, apprivoise-moi ! [...]»

1. auras apprivoisé : apprivoiser の直説法前未来二人称単数活用形。→ Leçon 9 grammaire 参照。
2. On ne connaît que les choses que l'on apprivoise :「飼いならしたものしか、知ることはできないぜ」王子さまとキツネを、たがいに「この世でたったひとつのもの」(unique au monde) にしている〈絆〉は、同時に王子さまとバラを結ぶ〈絆〉でもあるということを、小説家はここで示唆しているように思われる。

soixante-neuf : 69

LEÇON 9　　grammaire

1. 直説法前未来　futur antérieur de l'indicatif　(2-22)

直説法前未来は複合時制であり、つぎのような形になる。

主語＋［助動詞（avoir あるいは être）の直説法未来形＋過去分詞］（＋目的語）

＊助動詞に avoir を用いるか être を用いるかは、複合過去の場合と同じ区別に従う。

A：用法

単純未来で表される未来のある時点を基準にして、それまでに〈完了〉した事柄を表す。

Alors ce sera merveilleux quand tu **m'auras apprivoisé**.
（おまえがおれを飼いならすと、すごいことになるぜ）

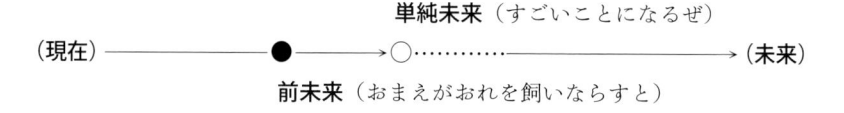

```
                        単純未来（すごいことになるぜ）
（現在）────────●──────→○┄┄┄┄┄──────→（未来）
                   前未来（おまえがおれを飼いならすと）
```

2. 直接話法と間接話法　discours direct et indirect　(2-23)

直接話法と間接話法の関係はつぎのようになる。

① 主節が現在ならば、間接話法でも直接話法と同じ時制を用いる。

直接話法	間接話法	
Il dit : «Elle part.»	→ Il dit qu'elle part.	［現在］
Il dit : «Elle est partie.»	→ Il dit qu'elle est partie.	［複合過去］
Il dit : «Elle partira.»	→ Il dit qu'elle partira.	［単純未来］
Il dit : «Elle sera partie.»	→ Il dit qu'elle sera partie.	［前未来］

② 主節の動詞が過去のとき、間接話法の従属節の中の動詞は、発話行為と同時点であれば**半過去**（過去における現在）に、発話行為以前であれば**大過去**（過去における過去）に、発話行為以後であれば**条件法現在**（過去における未来）に、発話行為以後の完了を表すとき（過去における未来完了）は**条件法過去**にする。

直接話法	間接話法	（過去における）
Il a dit : «Elle part aujourd'hui.»	→ Il a dit qu'elle **partait** ce jour-là.	［現在］
Il a dit : «Elle est partie hier.»	→ Il a dit qu'elle **était partie** la veille.	［複合過去］
Il a dit : «Elle partira demain.»	→ Il a dit qu'elle **partirait** le lendemain.	［単純未来］
Il a dit : «Elle sera partie avant dix heures.»	→ Il a dit qu'elle **serait partie** avant dix heures.	［前未来］

③疑問文の場合

疑問詞のない疑問文

Le pilote demande : «Le petit prince part-il ?»
　　　　　　→ Le pilote demande **si** le petit prince part.
（飛行士は王子さまが出発するのかどうかたずねる）

疑問詞のある疑問文

Le petit prince demande : «**Qui** êtes-vous ?»
　　　　　　→ Le petit prince demande **qui** il est.
（王子さまはかれがだれかたずねる）

Le petit prince demande : «**Pourquoi** possèdes-tu les étoiles ?»
　　　　　　→ Le petit prince demande **pourquoi** il possède les étoiles.
（王子さまはかれがどうして星をもっているのかたずねる）

Le pilote demande : «**D'où** viens-tu ?»
　　　　　　→ Le pilote demande **d'où** il vient.
（飛行士はかれがどこからきたのかたずねる）

Le petit prince demande : «**Qu'est-ce que** cela signifie ?»
　　　　　　→ Le petit prince demande **ce que** cela signifie.
（王子さまはそれはどういう意味かたずねる）

LEÇON 9   exercices

1. 次の各文の下線の動詞を直説法前未来形にして正しく書き直しなさい。
    1) Le renard dit : «Quand tu m'as apprivoisé, nous aurons besoin l'un de l'autre.»
    2) Le petit prince dit : «Quand tu as ri en regardant le ciel, tes amis seront bien étonnés de te voir.»
    3) Le petit prince rentrera chez lui quand il a fait tout ce qu'il voulait.
    4) On apprendra quelque chose de très important quand on a fini de lire «Le Petit Prince».
    5) Le pilote pense : «Quand le petit prince a oublié d'enfermer sa fleur sous son globe de verre, le mouton mangera la fleur.»

2. 次の各文を、間接話法の文に書き直しなさい。
    1) Le petit prince dit au renard : «Qui es-tu ?»
    2) Le petit prince a demandé au renard : «Veux-tu jouer avec moi ?»
    3) Le renard a répondu : «Je ne peux pas jouer avec toi, parce que je ne suis pas apprivoisé.»
    4) Le pilote demande au petit prince : «Qu'est-ce que tu fais là ?»
    5) Le petit prince demanda au pilote : «Qu'est-ce que c'est que cette chose-là ?»

3. 次の各文を、直接話法の文に書き直しなさい。
    1) Le petit prince demanda sur quoi régnait le roi.
    2) Le petit prince demanda au businessman ce qu'il allait faire de ces étoiles.
    3) Le petit prince demanda à l'allumeur de réverbère pourquoi il rallumait son réverbère.
    4) Le renard a dit au petit prince qu'ils auraient besoin l'un de l'autre.
    5) Le petit prince dit au pilote qu'il rentrerait chez lui ce soir-là.

4. 次のフランス語の文を日本語に訳しなさい。
   1) Je ne suis pour toi qu'un renard semblable à cent mille renards. Mais, si tu m'apprivoises, nous aurons besoin l'un de l'autre.
   2) Ma vie est monotone. Je chasse les poules, les hommes me chassent. Toutes les poules se ressemblent, et tous les hommes se ressemblent.
   3) Si tu m'apprivoises, ma vie sera comme ensoleillée. Je connaîtrai un bruit de pas qui sera différent de tous les autres.
   4) Les hommes n'ont plus le temps de rien connaître. Ils achètent des choses toutes faites chez les marchands. Mais comme il n'existe point de marchands d'amis, les hommes n'ont plus d'amis.
   5) Le petit prince dit : «Ce sera comme si je t'avais donné, au lieu d'étoiles, des tas de petits grelots qui savent rire…»

5. 次の日本語の文をフランス語に訳しなさい。
   1) 「ぼくの友だちになってよ」と、王子さまはキツネにいった。
   2) 「おまえがおれを飼いならせば、おまえはおれにとってこの世でたったひとつのものになるんだ」と、キツネは王子さまにいった。
   3) はじめ、キツネは王子さまがなにを（ce que）さがしているのかわからなかった（savoir）。
   4) 王子さまは、明日自分の星に帰るだろう、と飛行士にいった。
   5) 飛行士は、王子さまのバラがヒツジに食べられていないか心配している（craindre que (ne) + *subj.*）。

Dictée
1) _____

2) _____

3) _____

LEÇON 10   texte   (2/25)

Quand nous eûmes marché, des heures, en silence, la nuit tomba, et les étoiles commencèrent⁵ de s'éclairer. Je les apercevais㉗ comme en rêve, ayant❶ un peu de fièvre, à cause de ma soif. Les mots du petit prince dansaient dans ma mémoire :

«Tu as donc soif, toi aussi ?» lui demandai-je.

Mais il ne répondit㉟ pas à ma question. Il me dit㊻ simplement :

« L'eau peut㉕ aussi être bonne pour le cœur…»

Je ne compris㊱ pas sa réponse mais je me tus㊽… Je savais㉙ bien qu'il ne fallait㉓ pas l'interroger.

Il était fatigué. Il s'assit㉚. Je m'assis㉚ auprès de lui. Et, après un silence, il dit㊻ encore :

«Les étoiles sont belles, à cause d'une fleur que l'on ne voit㉑ pas…» […]

«Le désert est beau», ajouta-t-il…

Et c'était vrai. J'ai toujours aimé le désert. On s'assoit㉚ sur une dune de sable. On ne voit㉑ rien. On n'entend㉟ rien. Et cependant quelque chose rayonne*¹ en silence…

«Ce qui embellit❹ le désert, dit㊻ le petit prince, c'est qu'il cache un puits quelque part…»

Je fus❷ surpris de comprendre㊱ soudain ce mystérieux rayonnement du sable. […]

1.
サン＝テグジュペリは、「井戸」の「水」が「光る」、そして「砂漠」が「輝く」と表現するとき、きまってこの rayonner (「光線を放つ」) ということばとその派生語 rayon, rayaonnement を用いている。それはこの小説の深い意味を考える上で、見過ごすことのできない非常に重要な示唆を与えるものだと思われる。「水」が「光る」、「砂漠」が「輝く」のであれば、rayonner (「光線を放つ」) よりはむしろ、scintiller (「きらめく」)、étinceler (「輝く」) にせよ、luire (「つややかに光る」) にせよ、rayonner よりはよほど適切に見える。しかしここでサン＝テグジュペリが頑なに rayon ということばを繰り返し用いることには、それなりの理由があるはずである。rayonner およびその派生語と、それ以外の「光」を表すことばとの違いはただひとつ、rayonner 以外のことばが「光」の〈反射〉を問題にしているのに対して、唯一 rayonner が表しているものが「光源」からの「光」であり、「砂漠」の中に隠された「井戸」、「光源 (＝ source de lumière 光の泉)」こそが問題なのであり、「心」にいい「水」、そして王子さまの心の中の「バラ」への思い、〈目に見えない〉「光源」を表すためには、サン＝テグジュペリにとって rayonner 以外のことばは考えられなかったのだと、筆者は思う。同じ単語、表現の繰り返しは、サン＝テグジュペリの文体の特徴のひとつでもある。

soixante-quinze：75

LEÇON 10   texte(suite)

«Ce que je vois❷¹ là n'est qu'une écorce. Le plus important est invisible…»

Comme ses lèvres entrouvertes ébauchaient un demi-sourire je me dis❹⁶ encore: «Ce qui m'émeut❺³ si fort de ce petit prince endormi, c'est sa fidélité pour une fleur, c'est l'image d'une rose qui rayonne en lui comme la flamme d'une lampe, même quand il dort❶⁸…» Et je le devinai plus fragile encore. Il faut❷³ bien protéger les lampes: un coup de vent peut les éteindre…

Et, marchant ainsi, je découvris❶⁶ le puits au lever du jour.

[…]

«J'ai soif de cette eau-là*1, dit㊻ le petit prince, donne-moi à boire…»

Et je compris㊱ ce qu'il avait cherché !

Je soulevai⑧ le seau jusqu'à ses lèvres. Il but㊿, les yeux fermés. C'était doux comme une fête. Cette eau était bien autre chose qu'un aliment. Elle était née㊵ de la marche sous les étoiles, du chant de la poulie, de l'effort de mes bras. Elle était bonne pour le cœur, comme un cadeau. Lorsque j'étais petit garçon, la lumière de l'arbre de Noël, la musique de la messe de minuit, la douceur des sourires faisaient㊾, ainsi, tout le rayonnement du cadeau de Noël que je recevais㉗.

«Les hommes de chez toi, dit㊻ le petit prince, cultivent cinq mille roses dans un même jardin… et ils n'y trouvent pas ce qu'ils cherchent…

— Il ne le trouvent pas, répondis㉟-je…

— Et cependant ce qu'ils cherchent pourrait㉕ être trouvé dans une seule rose ou un peu d'eau…

— Bien sûr», répondis㉟-je.

Et le petit prince ajouta :

«Mais les yeux sont aveugles. Il faut㉓ chercher avec le cœur.»

---

1. J'ai soif de cette eau-là：王子さまの欲しがっている「水」がただの水（de l'eau）ではなく「その水（cette eau-là）」であるということに、深い意味を読み取るべきではないだろうか。

LEÇON 10　grammaire

1. 直説法前過去　passé antérieur de l'indicatif

直説法前過去は複合時制であり、つぎのような形になる。

主語 +［助動詞（**avoir** あるいは **être**）の直説法単純過去形 + 過去分詞］（+ 目的語）

＊助動詞に avoir を用いるか être を用いるかは、複合過去の場合と同じ区別に従う。

A：用法

単純過去で表される過去のある時点を基準にして、その直前に〈完了〉した事柄を表す。

Quand nous **eûmes marché**, des heures, en silence, la nuit tomba, et les étoiles commencèrent de s'éclairer.

（わたしたちは何時間もだまって歩いた。すると日は暮れ、星々がかがやきはじめた）

　　　　　　　　　　単純過去（すると日は暮れ、星々がかがやきはじめた）
（過去）──────○────●……………………→（現在）
　　　　　　　　前過去（わたしたちは何時間もだまって歩いた）

2. 疑問代名詞および、前置詞とともに用いられる関係代名詞　pronoms interrogatifs et pronoms relatifs avec préposition

＊語源的には、定冠詞 **le** に疑問形容詞 **quel** が結びついた形。

基本形：　　m.s.　　　f.s.　　　m.pl.　　　f.pl.
　　　　　lequel　　laquelle　　lesquels　　lesquelles

＊ただし前置詞 à および de とともに用いられる場合、男性形はつぎのように縮約させる。

前置詞 à とともに用いられる場合：
　　　　auquel　　à laquelle　　auxquels　　auxquelles
前置詞 de とともに用いられる場合：
　　　　duquel　　de laquelle　　desquels　　desquelles

疑問代名詞の場合

A：用法

＊「人」にも、「もの」についても用いられ、「どちら」という**選択の観念**を表す。

De laquelle des planètes le petit prince est-il venu ?
（どの星から、王子さまはきたのですか？）

Lequel de ces dictionnaires allez-vous consulter ?
（これらの辞書の内どれで、あなたは調べますか？）

＊(**選択の観念を表さない**のであれば、「人」については **qui**,「もの」については **quoi** を使う。)

A qui le petit prince parle-t-il ?
（王子さまは、だれに話しかけているのですか？）

Avec quoi écrivez-vous ?
（あなたは何で書きますか？）

関係代名詞の場合

B：用法

＊先行詞は基本的に「もの」であり（「人」の場合は **qui** を用いる）、**前置詞**とともに用いられ、先行詞の性・数に応じて変化する。

Le désert au milieu*[1] **duquel** l'avion est tombé en panne est celui du Sahara.
（飛行機が故障したのは、サハラ砂漠の真ん中だった）

L'eau **à laquelle** pensait le petit prince était bien autre chose qu'un aliment.
（王子さまが考えていた水は、食べものとはべつのものだった）

L'homme **avec qui** le petit prince parle est un pilote.
（王子さまが話をしているのは、飛行士だ）

---

1. au milieu de… :「〜の真ん中に」 *cf.* au centre de…

LEÇON 10   exercices

1. 次の各文の下線の動詞を直説法前過去形にして正しく書き直しなさい。
    1) Dès que le renard a aperçu le petit prince, il s'approcha de lui.
    2) Aussitôt qu'ils se sont rencontrés, ils s'aimèrent.
    3) Quand Saint-Exupéry a achevé d'écrire ce roman, il partit pour la France.
    4) Le petit prince, après qu'il a prononcé ces paroles, s'éloigna du pilote.
    5) Quand le petit prince est tombé sur le sable, le pilote s'approcha de lui.

2. 次の各文の（ ）の中に適当な語を書き入れなさい。
    1) On a trouvé un puits dans le désert, dans (   ) il y avait de l'eau bien fraîche.
    2) (   ) des romans de Saint-Exupéry préférez-vous ?
    3) On voit une maison sur le toit de (   ) il y a une cheminée, c'est la mienne.
    4) De (   ) avez-vous parlé avec votre directeur ?
    5) Avec (   ) est-elle partie en voyage ?

3. 次の各文を、それぞれ右の関係代名詞を使ってひとつの文に書き直しなさい。
    1) C'est au centre du désert. Le pilote a rencontré le petit prince. [que]
    2) Le petit prince s'est promené dans le jardin. Auprès de ce jardin habitait le renard. [auprès duquel]
    3) Où est la caisse ? Il y avait un mouton dans cette caisse. [dans laquelle]
    4) Ça c'est le livre. On parle beaucoup de ce livre récemment. [dont]
    5) Qui est cette femme ? Il parle d'un air joyeux avec elle. [avec qui]

4. 次のフランス語の文を日本語に訳しなさい。
   1) J'apercevais les étoiles comme en rêve, ayant un peu de fièvre, à cause de ma soif.
   2) On s'assoit sur une dune de sable. On ne voit rien. On n'entend rien. Et cependant quelque chose rayonne en silence…
   3) Je fus surpris de comprendre soudain ce mystérieux rayonnement du sable.
   4) Je compris ce qu'il avait cherché ! Je soulevai le seau jusqu'à ses lèvres. Il but, les yeux fermés.
   5) Le petit prince ajouta : «Les yeux sont aveugles. Il faut chercher avec le cœur.»

5. 次の日本語の文をフランス語に訳しなさい。
   1) 王子さまがさがしていたものは、何だったのですか？
   2) 旅行にもって行くとしたら、あなたはどの本を選びますか？
   3) 王子さまと話していたのは、キツネだった。
   4) 「いちばんたいせつなものは目に見えないのさ」と、キツネは王子さまにいった。
   5) 王子さまは砂の上にたおれた [**前過去形で**]。わたしはすぐにかけよった（accourir vers）[**単純過去形で**]。

Dictée

1) _____

2) _____

3) _____

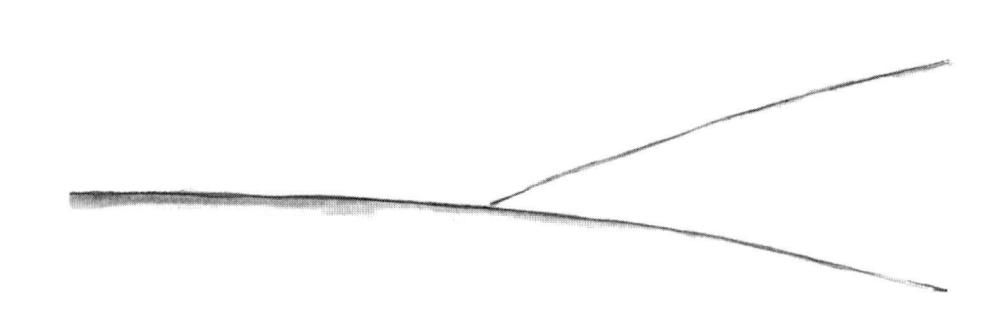

Ça c'est, pour moi, le plus beau et le plus triste paysage du monde. C'est le même paysage que celui de la page précédente, mais je l'ai dessiné une fois encore pour bien vous le montrer. C'est ici que le petit prince a apparu[39] sur terre, puis disparu.

Regardez attentivement ce paysage afin d'être sûrs de le reconnaître[39], si vous voyagez un jour en Afrique, dans le désert. Et, s'il vous arrive de passer par là, je vous en supplie, ne vous pressez pas, attendez[35] un peu juste sous l'étoile ! Si alors un enfant vient[20] à vous, s'il rit[31], s'il a des cheveux d'or, s'il ne répond[35] pas quand on l'interrroge, vous devinerez bien qui il est. Alors soyez[2] gentils ! Ne me laissez pas tellement triste : écrivez-moi vite qu'il est revenu[20]…

これは、わたしにとってこの世でいちばん美しく、またこの世でいちばん悲しい風景だ。これは前のページと同じ景色だけれども、みんなにはっきり見せておきたいと思って、もういちど描いたんだ。王子さまがこの地上にあらわれ、そして消えたのはここだ。
　この景色をよく見ておいてほしい。もし、いつかアフリカを旅したときに、砂漠ですぐにここだとわかるように。そして、もし、そこを通るようなことがあったら、どうかお願いだ、いそいじゃいけない。星がま上にくるまでちょっとまってほしいんだ！　そして、もし、男の子がやってきて、笑い、金髪で、なにをきいてもこたえなかったならば、その子が王子さまだってわかるだろう。そうしたら、お願いだ！　わたしをこんなに悲しい気もちのまま放っておかないで、すぐに手紙を書いてほしい、王子さまがもどってきた、と……

（藤田尊潮訳『小さな王子』八坂書房より）

動詞活用表

1	avoir	19	mourir	37	craindre
2	être	20	venir	38	croire
3	aimer	21	voir	39	connaître
4	finir	22	valoir	40	naître
5	commencer	23	falloir	41	suivre
6	manger	24	vouloir	42	vivre
7	préférer	25	pouvoir	43	écrire
8	lever	26	pleuvoir	44	suffire
9	appeler	27	recevoir	45	lire
10	employer	28	devoir	46	dire
11	ennuyer	29	savoir	47	conduire
12	envoyer	30	asseoir	48	plaire
13	essayer	31	rire	49	faire
14	aller	32	vaincre	50	boire
15	courir	33	battre	51	résoudre
16	ouvrir	34	mettre	52	acquérir
17	fuir	35	entendre	53	émouvoir
18	partir	36	prendre		

不定法 （不定詞形）	直　説　法			
① **avoir** 現在分詞 ayant 過去分詞 eu	現　在 j'　　ai tu　 as il　　a nous avons vous avez ils　 ont	半過去 j'　　avais tu　 avais il　　avait nous avions vous aviez ils　 avaient	単純過去 j'　　eus tu　 eus il　　eut nous eûmes vous eûtes ils　 eurent	単純未来 j'　　aurai tu　 auras il　　aura nous aurons vous aurez ils　 auront
	複合過去 j'　　ai　　eu tu　 as　　eu il　　a　　 eu nous avons eu vous avez　eu ils　 ont　　eu	大過去 j'　　avais　eu tu　 avais　eu il　　avait　eu nous avions eu vous aviez　eu ils　 avaient eu	前過去 j'　　eus　　eu tu　 eus　　eu il　　eut　　eu nous eûmes　eu vous eûtes　eu ils　 eurent eu	前未来 j'　　aurai　eu tu　 auras　eu il　　aura　eu nous aurons eu vous aurez　eu ils　 auront eu
② **être** 現在分詞 étant 過去分詞 été	現　在 je　 suis tu　 es il　　est nous sommes vous êtes ils　 sont	半過去 j'　　étais tu　 étais il　　était nous étions vous étiez ils　 étaient	単純過去 je　 fus tu　 fus il　　fut nous fûmes vous fûtes ils　 furent	単純未来 je　 serai tu　 seras il　　sera nous serons vous serez ils　 seront
	複合過去 j'　　ai　　été tu　 as　　été il　　a　　 été nous avons été vous avez　été ils　 ont　　été	大過去 j'　　avais　été tu　 avais　été il　　avait　été nous avions été vous aviez　été ils　 avaient été	前過去 j'　　eus　　été tu　 eus　　été il　　eut　　été nous eûmes　été vous eûtes　été ils　 eurent été	前未来 j'　　aurai　été tu　 auras　été il　　aura　été nous aurons été vous aurez　été ils　 auront été
③ **aimer** 現在分詞 aimant 過去分詞 aimé **第1群 規則動詞**	現　在 j'　　aime tu　 aimes il　　aime nous aimons vous aimez ils　 aiment	半過去 j'　　aimais tu　 aimais il　　aimait nous aimions vous aimiez ils　 aimaient	単純過去 j'　　aimai tu　 aimas il　　aima nous aimâmes vous aimâtes ils　 aimèrent	単純未来 j'　　aimerai tu　 aimeras il　　aimera nous aimerons vous aimerez ils　 aimeront
	複合過去 j'　　ai　　aimé tu　 as　　aimé il　　a　　 aimé nous avons aimé vous avez　aimé ils　 ont　　aimé	大過去 j'　　avais　aimé tu　 avais　aimé il　　avait　aimé nous avions aimé vous aviez　aimé ils　 avaient aimé	前過去 j'　　eus　　aimé tu　 eus　　aimé il　　eut　　aimé nous eûmes　aimé vous eûtes　aimé ils　 eurent aimé	前未来 j'　　aurai　aimé tu　 auras　aimé il　　aura　aimé nous aurons aimé vous aurez　aimé ils　 auront aimé
④ **finir** 現在分詞 finissant 過去分詞 fini **第2群 規則動詞**	現　在 je　 finis tu　 finis il　　finit nous finissons vous finissez ils　 finissent	半過去 je　 finissais tu　 finissais il　　finissait nous finissions vous finissiez ils　 finissaient	単純過去 je　 finis tu　 finis il　　finit nous finîmes vous finîtes ils　 finirent	単純未来 je　 finirai tu　 finiras il　　finira nous finirons vous finirez ils　 finiront
	複合過去 j'　　ai　　fini tu　 as　　fini il　　a　　 fini nous avons fini vous avez　fini ils　 ont　　fini	大過去 j'　　avais　fini tu　 avais　fini il　　avait　fini nous avions fini vous aviez　fini ils　 avaient fini	前過去 j'　　eus　　fini tu　 eus　　fini il　　eut　　fini nous eûmes　fini vous eûtes　fini ils　 eurent fini	前未来 j'　　aurai　fini tu　 auras　fini il　　aura　fini nous aurons fini vous aurez　fini ils　 auront fini

条件法	接続法		命令法
現在 j' aurais tu aurais il aurait nous aurions vous auriez ils auraient	現在 j' aie tu aies il ait nous ayons vous ayez ils aient	半過去 j' eusse tu eusses il eût nous eussions vous eussiez ils eussent	aie ayons ayez
過去 j' aurais eu tu aurais eu il aurait eu nous aurions eu vous auriez eu ils auraient eu	過去 j' aie eu tu aies eu il ait eu nous ayons eu vous ayez eu ils aient eu	大過去 j' eusse eu tu eusses eu il eût eu nous eussions eu vous eussiez eu ils eussent eu	
現在 je serais tu serais il serait nous serions vous seriez ils seraient	現在 je sois tu sois il soit nous soyons vous soyez ils soient	半過去 je fusse tu fusses il fût nous fussions vous fussiez ils fussent	sois soyons soyez
過去 j' aurais été tu aurais été il aurait été nous aurions été vous auriez été ils auraient été	過去 j' aie été tu aies été il ait été nous ayons été vous ayez été ils aient été	大過去 j' eusse été tu eusses été il eût été nous eussions été vous eussiez été ils eussent été	
現在 j' aimerais tu aimerais il aimerait nous aimerions vous aimeriez ils aimeraient	現在 j' aime tu aimes il aime nous aimions vous aimiez ils aiment	半過去 j' aimasse tu aimasses il aimât nous aimassions vous aimassiez ils aimassent	aime aimons aimez
過去 j' aurais aimé tu aurais aimé il aurait aimé nous aurions aimé vous auriez aimé ils auraient aimé	過去 j' aie aimé tu aies aimé il ait aimé nous ayons aimé vous ayez aimé ils aient aimé	大過去 j' eusse aimé tu eusses aimé il eût aimé nous eussions aimé vous eussiez aimé ils eussent aimé	
現在 je finirais tu finirais il finirait nous finirions vous finiriez ils finiraient	現在 je finisse tu finisses il finisse nous finissions vous finissiez ils finissent	半過去 je finisse tu finisses il finît nous finissions vous finissiez ils finissent	finis finissons finissez
過去 j' aurais fini tu aurais fini il aurait fini nous aurions fini vous auriez fini ils auraient fini	過去 j' aie fini tu aies fini il ait fini nous ayons fini vous ayez fini ils aient fini	大過去 j' eusse fini tu eusses fini il eût fini nous eussions fini vous eussiez fini ils eussent fini	

不定法 現在分詞 過去分詞	直説法			
	現在	半過去	単純過去	単純未来
⑤ **commencer** commençant commencé	je commence tu commences il commence n. commençons v. commencez ils commencent	je commençais tu commençais il commençait n. commencions v. commenciez ils commençaient	je commençai tu commenças il commença n. commençâmes v. commençâtes ils commencèrent	je commencerai tu commenceras il commencera n. commencerons v. commencerez ils commenceront
⑥ **manger** mangeant mangé	je mange tu manges il mange n. mangeons v. mangez ils mangent	je mangeais tu mangeais il mangeait n. mangions v. mangiez ils mangeaient	je mangeai tu mangeas il mangea n. mangeâmes v. mangeâtes ils mangèrent	je mangerai tu mangeras il mangera n. mangerons v. mangerez ils mangeront
⑦ **préférer** préférant préféré	je préfère tu préfères il préfère n. préférons v. préférez ils préfèrent	je préférais tu préférais il préférait n. préférions v. préfériez ils préféraient	je préférai tu préféras il préféra n. préférâmes v. préférâtes ils préférèrent	je préférerai tu préféreras il préférera n. préférerons v. préférerez ils préféreront
⑧ **lever** levant levé	je lève tu lèves il lève n. levons v. levez ils lèvent	je levais tu levais il levait n. levions v. leviez ils levaient	je levai tu levas il leva n. levâmes v. levâtes ils levèrent	je lèverai tu lèveras il lèvera n. lèverons v. lèverez ils lèveront
⑨ **appeler** appelant appelé	j' appelle tu appelles il appelle n. appelons v. appelez ils appellent	j' appelais tu appelais il appelait n. appelions v. appeliez ils appelaient	j' appelai tu appelas il appela n. appelâmes v. appelâtes ils appelèrent	j' appellerai tu appelleras il appellera n. appellerons v. appellerez ils appelleront
⑩ **employer** employant employé	j' emploie tu emploies il emploie n. employons v. employez ils emploient	j' employais tu employais il employait n. employions v. employiez ils employaient	j' employai tu employas il employa n. employâmes v. employâtes ils employèrent	j' emploierai tu emploieras il emploiera n. emploierons v. emploierez ils emploieront
⑪ **ennuyer** ennuyant ennuyé	j' ennuie tu ennuies il ennuie n. ennuyons v. ennuyez ils ennuient	j' ennuyais tu ennuyais il ennuyait n. ennuyions v. ennuyiez ils ennuyaient	j' ennuyai tu ennuyas il ennuya n. ennuyâmes v. ennuyâtes ils ennuyèrent	j' ennuierai tu ennuieras il ennuiera n. ennuierons v. ennuierez ils ennuieront
⑫ **envoyer** envoyant envoyé	j' envoie tu envoies il envoie n. envoyons v. envoyez ils envoient	j' envoyais tu envoyais il envoyait n. envoyions v. envoyiez ils envoyaient	j' envoyai tu envoyas il envoya n. envoyâmes v. envoyâtes ils envoyèrent	j' enverrai tu enverras il enverra n. enverrons v. enverrez ils enverront

| 条件法 | 接続法 | | 命令法 | 同型 |
現在	現在	半過去		
je commencerais tu commencerais il commencerait n. commencerions v. commenceriez ils commeceraient	je commence tu commences il commence n. commencions v. commenciez ils commencent	je commençasse tu commençasses il commençât n. commençassions v. commençassiez ils commençassent	commence commençons commencez	annoncer avancer forcer lancer placer prononcer
je mangerais tu mangerais il mangerait n. mangerions v. mangeriez ils mangeraient	je mange tu manges il mange n. mangions v. mangiez ils mangent	je mangeasse tu mangeasses il mangeât n. mangeassions v. mangeassiez ils mangeassent	mange mangeons mangez	changer déranger nager obliger partager voyager
je préférerais tu préférerais il préférerait n. préférerions v. préféreriez ils préféreraient	je préfère tu préfères il préfère n. préférions v. préfériez ils préfèrent	je préférasse tu préférasses il préférât n. préférassions v. préférassiez ils préférassent	préfère préférons préférez	céder considérer espérer pénétrer posséder répéter
je lèverais tu lèverais il lèverait n. lèverions v. lèveriez ils lèveraient	je lève tu lèves il lève n. levions v. leviez ils lèvent	je levasse tu levasses il levât n. levassions v. levassiez ils levassent	lève levons levez	acheter achever mener promener soulever
j' appellerais tu appellerais il appellerait n. appellerions v. appelleriez ils appelleraient	j' appelle tu appelles il appelle n. appelions v. appeliez ils appellent	j' appelasse tu appelasses il appelât n. appelassions v. appelassiez ils appelassent	appelle appelons appelez	jeter rappeler
j' emploierais tu emploierais il emploierait n. emploierions v. emploieriez ils emploieraient	j' emploie tu emploies il emploie n. employions v. employiez ils emploient	j' employasse tu employasses il employât n. employassions v. employassiez ils employassent	emploie employons employez	aboyer nettoyer noyer tutoyer
j' ennuierais tu ennuierais il ennuierait n. ennuierions v. ennuieriez ils ennuieraient	j' ennuie tu ennuies il ennuie n. ennuyions v. ennuyiez ils ennuient	j' ennuyasse tu ennuyasses il ennuyât n. ennuyassions v. ennuyassiez ils ennuyassent	ennuie ennuyons ennuyez	
j' enverrais tu enverrais il enverrait n. enverrions v. enverriez ils enverraient	j' envoie tu envoies il envoie n. envoyions v. envoyiez ils envoient	j' envoyasse tu envoyasses il envoyât n. envoyassions v. envoyassiez ils envoyassent	envoie envoyons envoyez	renvoyer

不定法 現在分詞 過去分詞	直説法			
	現在	半過去	単純過去	単純未来
⑬ **essayer** essayant essayé	j' essai(ay)e tu essai(ay)es il essai(ay)e n. essayons v. essayez ils essai(ay)ent	j' essayais tu essayais il essayait n. essayions v. essayiez ils essayaient	j' essayai tu essayas il essaya n. essayâmes v. essayâtes ils essayèrent	j' essai(ay)erai tu essai(ay)eras il essai(ay)era n. essai(ay)erons v. essai(ay)erez ils essai(ay)eront
⑭ **aller** allant allé	je **vais** tu **vas** il **va** n. allons v. allez ils **vont**	j' allais tu allais il allait n. allions v. alliez ils allaient	j' allai tu allas il alla n. allâmes v. allâtes ils allèrent	j' irai tu iras il ira n. irons v. irez ils iront
⑮ **courir** courant couru	je cours tu cours il court n. courons v. courez ils courent	je courais tu courais il courait n. courions v. couriez ils couraient	je courus tu courus il courut n. courûmes v. courûtes ils coururent	je courrai tu courras il courra n. courrons v. courrez ils courront
⑯ **ouvrir** ouvrant ouvert	j' ouvre tu ouv**res** il ouvre n. ouvrons v. ouvrez ils ouvrent	j' ouvrais tu ouvrais il ouvrait n. ouvrions v. ouvriez ils ouvraient	j' ouvris tu ouvris il ouvrit n. ouvrîmes v. ouvrîtes ils ouvrirent	j' ouvrirai tu ouvriras il ouvrira n. ouvrirons v. ouvrirez ils ouvriront
⑰ **fuir** fuyant fui	je fuis tu fuis il fuit n. fuyons v. fuyez ils fuient	je fuyais tu fuyais il fuyait n. fuyions v. fuyiez ils fuyaient	je fuis tu fuis il fuit n. fuîmes v. fuîtes ils fuirent	je fuirai tu fuiras il fuira n. fuirons v. fuirez ils fuiront
⑱ **partir** partant parti	je pars tu pars il part n. partons v. partez ils partent	je partais tu partais il partait n. partions v. partiez ils partaient	je partis tu partis il partit n. partîmes v. partîtes ils partirent	je partirai tu partiras il partira n. partirons v. partirez ils partiront
⑲ **mourir** mourant mort	je meurs tu meurs il meurt n. mourons v. mourez ils meurent	je mourais tu mourais il mourait n. mourions v. mouriez ils mouraient	je mourus tu mourus il mourut n. mourûmes v. mourûtes ils moururent	je mourrai tu mourras il mourra n. mourrons v. mourrez ils mourront
⑳ **venir** venant venu	je viens tu viens il vient n. venons v. venez ils viennent	je venais tu venais il venait n. venions v. veniez ils venaient	je vins tu vins il vint n. vînmes v. vîntes ils vinrent	je viendrai tu viendras il viendra n. viendrons v. viendrez ils viendront

条件法	接続法		命令法	同型
現在	現在	半過去		
j' essai(ay)erais tu essai(ay)erais il essai(ay)erait n. essai(ay)erions v. essai(ay)eriez ils essai(ay)eraient	j' essai(ay)e tu essai(ay)es il essai(ay)e n. essayions v. essayiez ils essai(ay)ent	j' essayasse tu essayasses il essayât n. essayassions v. essayassiez ils essayassent	essai(ay)e essayons essayez	effrayer payer
j' irais tu irais il irait n. irions v. iriez ils iraient	j' aille tu ailles il aille n. allions v. alliez ils aillent	j' allasse tu allasses il allât n. allassions v. allassiez ils allassent	va allons allez	
je courrais tu courrais il courrait n. courrions v. courriez ils courraient	je coure tu coures il coure n. courions v. couriez ils courent	je courusse tu courusses il courût n. courussions v. courussiez ils courussent	cours courons courez	accourir parcourir
j' ouvrirais tu ouvrirais il ouvrirait n. ouvririons v. ouvririez ils ouvriraient	j' ouvre tu ouvres il ouvre n. ouvrions v. ouvriez ils ouvrent	j' ouvrisse tu ouvrisses il ouvrît n. ouvrissions v. ouvrissiez ils ouvrissent	ouvre ouvrons ouvrez	couvrir découvrir offrir souffrir
je fuirais tu fuirais il fuirait n. fuirions v. fuiriez ils fuiraient	je fuie tu fuies il fuie n. fuyions v. fuyiez ils fuient	je fuisse tu fuisses il fuît n. fuissions v. fuissiez ils fuissent	fuis fuyons fuyez	s'enfuir
je partirais tu partirais il partirait n. partirions v. partiriez ils partiraient	je parte tu partes il parte n. partions v. partiez ils partent	je partisse tu partisses il partît n. partissions v. partissiez ils partissent	pars partons partez	dormir ressortir sentir servir sortir
je mourrais tu mourrais il mourrait n. mourrions v. mourriez ils mourraient	je meure tu meures il meure n. mourions v. mouriez ils meurent	je mourusse tu mourusses il mourût n. mourussions v. mourussiez ils mourussent	meurs mourons mourez	
je viendrais tu viendrais il viendrait n. viendrions v. viendriez ils viendraient	je vienne tu viennes il vienne n. venions v. veniez ils viennent	je vinsse tu vinsses il vînt n. vinssions v. vinssiez ils vinssent	viens venons venez	appartenir devenir obtenir revenir (se) souvenir tenir

不定法 現在分詞 過去分詞	直 説 法			
	現　在	半 過 去	単 純 過 去	単 純 未 来
㉑ **voir** voyant vu	je vois tu vois il voit n. voyons v. voyez ils voient	je voyais tu voyais il voyait n. voyions v. voyiez ils voyaient	je vis tu vis il vit n. vîmes v. vîtes ils virent	je verrai tu verras il verra n. verrons v. verrez ils verront
㉒ **valoir** valant valu	je vaux tu vaux il vaut n. valons v. valez ils valent	je valais tu valais il valait n. valions v. valiez ils valaient	je valus tu valus il valut n. valûmes v. valûtes ils valurent	je vaudrai tu vaudras il vaudra n. vaudrons v. vaudrez ils vaudront
㉓ **falloir** — fallu	il faut	il fallait	il fallut	il faudra
㉔ **vouloir** voulant voulu	je veux tu veux il veut n. voulons v. voulez ils veulent	je voulais tu voulais il voulait n. voulions v. vouliez ils voulaient	je voulus tu voulus il voulut n. voulûmes v. voulûtes ils voulurent	je voudrai tu voudras il voudra n. voudrons v. voudrez ils voudront
㉕ **pouvoir** pouvant pu	je peux (puis) tu peux il peut n. pouvons v. pouvez ils peuvent	je pouvais tu pouvais il pouvait n. pouvions v. pouviez ils pouvaient	je pus tu pus il put n. pûmes v. pûtes ils purent	je pourrai tu pourras il pourra n. pourrons v. pourrez ils pourront
㉖ **pleuvoir** pleuvant plu	il pleut	il pleuvait	il plut	il pleuvra
㉗ **recevoir** recevant reçu	je reçois tu reçois il reçoit n. recevons v. recevez ils reçoivent	je recevais tu recevais il recevait n. recevions v. receviez ils recevaient	je reçus tu reçus il reçut n. reçûmes v. reçûtes ils reçurent	je recevrai tu recevras il recevra n. recevrons v. recevrez ils recevront
㉘ **devoir** devant dû, due, dus, dues	je dois tu dois il doit n. devons v. devez ils doivent	je devais tu devais il devait n. devions v. deviez ils devaient	je dus tu dus il dut n. dûmes v. dûtes ils durent	je devrai tu devras il devra n. devrons v. devrez ils devront

条件法	接続法		命令法	同型
現在	現在	半過去		
je verrais tu verrais il verrait n. verrions v. verriez ils verraient	je voie tu voies il voie n. voyions v. voyiez ils voient	je visse tu visses il vît n. vissions v. vissiez ils vissent	vois voyons voyez	entrevoir revoir
je vaudrais tu vaudrais il vaudrait n. vaudrions v. vaudriez ils vaudraient	je vaille tu vailles il vaille n. valions v. valiez ils vaillent	je valusse tu valusses il valût n. valussions v. valussiez ils valussent		
il faudrait	il faille	il fallût		
je voudrais tu voudrais il voudrait n. voudrions v. voudriez ils voudraient	je veuille tu veuilles il veuille n. voulions v. vouliez ils veuillent	je voulusse tu voulusses il voulût n. voulussions v. voulussiez ils voulussent	veuille veuillons veuillez	
je pourrais tu pourrais il pourrait n. pourrions v. pourriez ils pourraient	je puisse tu puisses il puisse n. puissions v. puissiez ils puissent	je pusse tu pusses il pût n. pussions v. pussiez ils pussent		
il pleuvrait	il pleuve	il plût		
je recevrais tu recevrais il recevrait n. recevrions v. recevriez ils recevraient	je reçoive tu reçoives il reçoive n. recevions v. receviez ils reçoivent	je reçusse tu reçusses il reçût n. reçussions v. reçussiez ils reçussent	reçois recevons recevez	apercevoir concevoir décevoir
je devrais tu devrais il devrait n. devrions v. devriez ils devraient	je doive tu doives il doive n. devions v. deviez ils doivent	je dusse tu dusses il dût n. dussions v. dussiez ils dussent		

不定法 現在分詞 過去分詞	直説法 現在	半過去	単純過去	単純未来
㉙ **savoir** sachant su	je sais tu sais il sait n. savons v. savez ils savent	je savais tu savais il savait n. savions v. saviez ils savaient	je sus tu sus il sut n. sûmes v. sûtes ils surent	je saurai tu sauras il saura n. saurons v. saurez ils sauront
㉚ **asseoir** asseyant (assoyant) assis	j' assieds tu assieds il assied n. asseyons v. asseyez ils asseyent ――――――――― j' assois tu assois il assoit n. assoyons v. assoyez ils assoient	j' asseyais tu asseyais il asseyait n. asseyions v. asseyiez ils asseyaient ――――――――― j' assoyais tu assoyais il assoyait n. assoyions v. assoyiez ils assoyaient	j' assis tu assis il assit n. assîmes v. assîtes ils assirent	j' assiérai tu assiéras il assiéra n. assiérons v. assiérez ils assiéront ――――――――― j' assoirai tu assoiras il assoira n. assoirons v. assoirez ils assoiront
㉛ **rire** riant ri	je ris tu ris il rit n. rions v. riez ils rient	je riais tu riais il riait n. riions v. riiez ils riaient	je ris tu ris il rit n. rîmes v. rîtes ils rirent	je rirai tu riras il rira n. rirons v. rirez ils riront
㉜ **vaincre** vainquant vaincu	je vaincs tu vaincs il vainc n. vainquons v. vainquez ils vainquent	je vainquais tu vainquais il vainquait n. vainquions v. vainquiez ils vainquaient	je vainquis tu vainquis il vainquit n. vainquîmes v. vainquîtes ils vainquirent	je vaincrai tu vaincras il vaincra n. vaincrons v. vaincrez ils vaincront
㉝ **battre** battant battu	je bats tu bats il bat n. battons v. battez ils battent	je battais tu battais il battait n. battions v. battiez ils battaient	je battis tu battis il battit n. battîmes v. battîtes ils battirent	je battrai tu battras il battra n. battrons v. battrez ils battront
㉞ **mettre** mettant mis	je mets tu mets il met n. mettons v. mettez ils mettent	je mettais tu mettais il mettait n. mettions v. mettiez ils mettaient	je mis tu mis il mit n. mîmes v. mîtes ils mirent	je mettrai tu mettras il mettra n. mettrons v. mettrez ils mettront
㉟ **entendre** entendant entendu	j' entends tu entends il entend n. entendons v. entendez ils entendent	j' entendais tu entendais il entendait n. entendions v. entendiez ils entendaient	j' entendis tu entendis il entendit n. entendîmes v. entendîtes ils entendirent	j' entendrai tu entendras il entendra n. entendrons v. entendrez ils entendront

条件法	接続法		命令法	同型
現在	現在	半過去		
je saurais tu saurais il saurait n. saurions v. sauriez ils sauraient	je sache tu saches il sache n. sachions v. sachiez ils sachent	je susse tu susses il sût n. sussions v. sussiez ils sussent	sache sachons sachez	
j' assiérais tu assiérais il assiérait n. assiérions v. assiériez ils assiéraient	j' asseye tu asseyes il asseye n. asseyions v. asseyiez ils asseyent	j' assisse tu assisses il assît n. assissions v. assissiez ils assissent	assieds asseyons asseyez	注: 主として代名動詞 s'asseoir で使われる
j' assoirais tu assoirais il assoirait n. assoirions v. assoiriez ils assoiraient	j' assoie tu assoies il assoie n. assoyions v. assoyiez ils assoient		assois assoyons assoyez	
je rirais tu rirais il rirait n. ririons v. ririez ils riraient	je rie tu ries il rie n. riions v. riiez ils rient	je risse tu risses il rît n. rissions v. rissiez ils rissent	ris rions riez	sourire 注：過去分詞 ri は不変
je vaincrais tu vaincrais il vaincrait n. vaincrions v. vaincriez ils vaincraient	je vainque tu vainques il vainque n. vainquions v. vainquiez ils vainquent	je vainquisse tu vainquisses il vainquît n. vainquissions v. vainquissiez ils vainquissent	vaincs vainquons vainquez	convaincre
je battrais tu battrais il battrait n. battrions v. battriez ils battraient	je batte tu battes il batte n. battions v. battiez ils battent	je battisse tu battisses il battît n. battissions v. battissiez ils battissent	bats battons battez	abattre combattre
je mettrais tu mettrais il mettrait n. mettrions v. mettriez ils mettraient	je mette tu mettes il mette n. mettions v. mettiez ils mettent	je misse tu misses il mît n. missions v. missiez ils missent	mets mettons mettez	admettre commettre permettre promettre remettre
j' entendrais tu entendrais il entendrait n. entendrions v. entendriez ils entendraient	j' entende tu entendes il entende n. entendions v. entendiez ils entendent	j' entendisse tu entendisses il entendît n. entendissions v. entendissiez ils entendissent	entends entendons entendez	attendre descendre perdre rendre répondre vendre

不定法 現在分詞 過去分詞	直説法			
	現在	半過去	単純過去	単純未来
㊱ **prendre** prenant pris	je prends tu prends il prend n. prenons v. prenez ils prennent	je prenais tu prenais il prenait n. prenions v. preniez ils prenaient	je pris tu pris il prit n. prîmes v. prîtes ils prirent	je prendrai tu prendras il prendra n. prendrons v. prendrez ils prendront
㊲ **craindre** craignant craint	je crains tu crains il craint n. craignons v. craignez ils craignent	je craignais tu craignais il craignait n. craignions v. craigniez ils craignaient	je craignis tu craignis il craignit n. craignîmes v. craignîtes ils craignirent	je craindrai tu craindras il craindra n. craindrons v. craindrez ils craindront
㊳ **croire** croyant cru	je crois tu crois il croit n. croyons v. croyez ils croient	je croyais tu croyais il croyait n. croyions v. croyiez ils croyaient	je crus tu crus il crut n. crûmes v. crûtes ils crurent	je croirai tu croiras il croira n. croirons v. croirez ils croiront
㊴ **connaître** connaissant connu	je connais tu connais il connaît n. connaissons v. connaissez ils connaissent	je connaissais tu connaissais il connaissait n. connaissions v. connaissiez ils connaissaient	je connus tu connus il connut n. connûmes v. connûtes ils connurent	je connaîtrai tu connaîtras il connaîtra n. connaîtrons v. connaîtrez ils connaîtront
㊵ **naître** naissant né	je nais tu nais il naît n. naissons v. naissez ils naissent	je naissais tu naissais il naissait n. naissions v. naissiez ils naissaient	je naquis tu naquis il naquit n. naquîmes v. naquîtes ils naquirent	je naîtrai tu naîtras il naîtra n. naîtrons v. naîtrez ils naîtront
㊶ **suivre** suivant suivi	je suis tu suis il suit n. suivons v. suivez ils suivent	je suivais tu suivais il suivait n. suivions v. suiviez ils suivaient	je suivis tu suivis il suivit n. suivîmes v. suivîtes ils suivirent	je suivrai tu suivras il suivra n. suivrons v. suivrez ils suivront
㊷ **vivre** vivant vécu	je vis tu vis il vit n. vivons v. vivez ils vivent	je vivais tu vivais il vivait n. vivions v. viviez ils vivaient	je vécus tu vécus il vécut n. vécûmes v. vécûtes ils vécurent	je vivrai tu vivras il vivra n. vivrons v. vivrez ils vivront
㊸ **écrire** écrivant écrit	j' écris tu écris il écrit n. écrivons v. écrivez ils écrivent	j' écrivais tu écrivais il écrivait n. écrivions v. écriviez ils écrivaient	j' écrivis tu écrivis il écrivit n. écrivîmes v. écrivîtes ils écrivirent	j' écrirai tu écriras il écrira n. écrirons v. écrirez ils écriront

条件法	接続法		命令法	同型
現在	現在	半過去		
je prendrais tu prendrais il prendrait n. prendrions v. prendriez ils prendraient	je prenne tu prennes il prenne n. prenions v. preniez ils prennent	je prisse tu prisses il prît n. prissions v. prissiez ils prissent	prends prenons prenez	apprendre comprendre entreprendre reprendre surprendre
je craindrais tu craindrais il craindrait n. craindrions v. craindriez ils craindraient	je craigne tu craignes il craigne n. craignions v. craigniez ils craignent	je craignisse tu craignisses il craignît n. craignissions v. craignissiez ils craignissent	crains craignons craignez	atteindre éteindre joindre peindre plaindre
je croirais tu croirais il croirait n. croirions v. croiriez ils croiraient	je croie tu croies il croie n. croyions v. croyiez ils croient	je crusse tu crusses il crût n. crussions v. crussiez ils crussent	crois croyons croyez	
je connaîtrais tu connaîtrais il connaîtrait n. connaîtrions v. connaîtriez ils connaîtraient	je connaisse tu connaisses il connaisse n. connaissions v. connaissiez ils connaissent	je connusse tu connusses il connût n. connussions v. connussiez ils connussent	connais connaissons connaissez	apparaître disparaître paraître reconnaître
je naîtrais tu naîtrais il naîtrait n. naîtrions v. naîtriez ils naîtraient	je naisse tu naisses il naisse n. naissions v. naissiez ils naissent	je naquisse tu naquisses il naquît n. naquissions v. naquissiez ils naquissent	nais naissons naissez	
je suivrais tu suivrais il suivrait n. suivrions v. suivriez ils suivraient	je suive tu suives il suive n. suivions v. suiviez ils suivent	je suivisse tu suivisses il suivît n. suivissions v. suivissiez ils suivissent	suis suivons suivez	poursuivre
je vivrais tu vivrais il vivrait n. vivrions v. vivriez ils vivraient	je vive tu vives il vive n. vivions v. viviez ils vivent	je vécusse tu vécusses il vécût n. vécussions v. vécussiez ils vécussent	vis vivons vivez	survivre
j' écrirais tu écrirais il écrirait n. écririons v. écririez ils écriraient	j' écrive tu écrives il écrive n. écrivions v. écriviez ils écrivent	j' écrivisse tu écrivisses il écrivît n. écrivissions v. écrivissiez ils écrivissent	écris écrivons écrivez	décrire inscrire

不定法 現在分詞 過去分詞	直説法			
	現在	半過去	単純過去	単純未来
㊹ **suffire** suffisant suffi	je suffis tu suffis il suffit n. suffisons v. suffisez ils suffisent	je suffisais tu suffisais il suffisait n. suffisions v. suffisiez ils suffisaient	je suffis tu suffis il suffit n. suffîmes v. suffîtes ils suffirent	je suffirai tu suffiras il suffira n. suffirons v. suffirez ils suffiront
㊺ **lire** lisant lu	je lis tu lis il lit n. lisons v. lisez ils lisent	je lisais tu lisais il lisait n. lisions v. lisiez ils lisaient	je lus tu lus il lut n. lûmes v. lûtes ils lurent	je lirai tu liras il lira n. lirons v. lirez ils liront
㊻ **dire** disant dit	je dis tu dis il dit n. disons v. **dites** ils disent	je disais tu disais il disait n. disions v. disiez ils disaient	je dis tu dis il dit n. dîmes v. dîtes ils dirent	je dirai tu diras il dira n. dirons v. direz ils diront
㊼ **conduire** conduisant conduit	je conduis tu conduis il conduit n. conduisons v. conduisez ils conduisent	je conduisais tu conduisais il conduisait n. conduisions v. conduisiez ils conduisaient	je conduisis tu conduisis il conduisit n. conduisîmes v. conduisîtes ils conduisirent	je conduirai tu conduiras il couduira n. conduirons v. conduirez ils conduiront
㊽ **plaire** plaisant plu	je plais tu plais il pla**î**t n. plaisons v. plaisez ils plaisent	je plaisais tu plaisais il plaisait n. plaisions v. plaisiez ils plaisaient	je plus tu plus il plut n. plûmes v. plûtes ils plurent	je plairai tu plairas il plaira n. plairons v. plairez ils plairont
㊾ **faire** faisant fait	je fais tu fais il fait n. faisons v. fai**tes** ils **font**	je faisais tu faisais il faisait n. faisions v. faisiez ils faisaient	je fis tu fis il fit n. fîmes v. fîtes ils firent	je ferai tu feras il fera n. ferons v. ferez ils feront
㊿ **boire** buvant bu	je bois tu bois il boit n. buvons v. buvez ils boivent	je buvais tu buvais il buvait n. buvions v. buviez ils buvaient	je bus tu bus il but n. bûmes v. bûtes ils burent	je boirai tu boiras il boira n. boirons v. boirez ils boiront
(51) **résoudre** résolvant résolu	je résous tu résous il résout n. résolvons v. résolvez ils résolvent	je résolvais tu résolvais il résolvait n. résolvions v. résolviez ils résolvaient	je résolus tu résolus il résolut n. résolûmes v. résolûtes ils résolurent	je résoudrai tu résoudras il résoudra n. résoudrons v. résoudrez ils résoudront

条件法	接続法		命令法	同型
現在	現在	半過去		
je suffirais tu suffirais il suffirait n. suffirions v. suffiriez ils suffiraient	je suffise tu suffises il suffise n. suffisions v. suffisiez ils suffisent	je suffisse tu suffisses il suffît n. suffissions v. suffissiez ils suffissent	suffis suffisons suffisez	注：過去分詞 suffi は不変
je lirais tu lirais il lirait n. lirions v. liriez ils liraient	je lise tu lises il lise n. lisions v. lisiez ils lisent	je lusse tu lusses il lût n. lussions v. lussiez ils lussent	lis lisons lisez	élire relire
je dirais tu dirais il dirait n. dirions v. diriez ils diraient	je dise tu dises il dise n. disions v. disiez ils disent	je disse tu disses il dît n. dissions v. dissiez ils dissent	dis disons di**tes**	
je conduirais tu conduirais il conduirait n. conduirions v. conduiriez ils conduiraient	je conduise tu conduises il conduise n. conduisions v. conduisiez ils conduisent	je conduisisse tu conduisisses il conduisît n. conduisissions v. conduisissiez ils conduisissent	conduis conduisons conduisez	construire détruire instruire introduire produire traduire
je plairais tu plairais il plairait n. plairions v. plairiez ils plairaient	je plaise tu plaises il plaise n. plaisions v. plaisiez ils plaisent	je plusse tu plusses il plût n. plussions v. plussiez ils plussent	plais plaisons plaisez	complaire déplaire (se) taire 注：過去分詞 plu は不変
je ferais tu ferais il ferait n. ferions v. feriez ils feraient	je fasse tu fasses il fasse n. fassions v. fassiez ils fassent	je fisse tu fisses il fît n. fissions v. fissiez ils fissent	fais faisons fai**tes**	défaire refaire satisfaire
je boirais tu boirais il boirait n. boirions v. boiriez ils boiraient	je boive tu boives il boive n. buvions v. buviez ils boivent	je busse tu busses il bût n. bussions v. bussiez ils bussent	bois buvons buvez	
je résoudrais tu résoudrais il résoudrait n. résoudrions v. résoudriez ils résoudraient	je résolve tu résolves il résolve n. résolvions v. résolviez ils résolvent	je résolusse tu résolusses il résolût n. résolussions v. résolussiez ils résolussent	résous résolvons résolvez	

不定法 現在分詞 過去分詞	直　説　法			
	現　在	半　過　去	単純過去	単純未来
㊽ **acquérir** acquérant acquis	j' acquiers tu acquiers il acquiert n. acquérons v. acquérez ils acquièrent	j' acquérais tu acquérais il acquérait n. acquérions v. acquériez ils acquéraient	j' acquis tu acquis il acquit n. acquîmes v. acquîtes ils acquirent	j' acquerrai tu acquerras il acquerra n. acquerrons v. acquerrez ils acquerront
㊾ **émouvoir** émouvant ému	j' émeus tu émeus il émeut n. émouvons v. émouvez ils émeuvent	j' émouvais tu émouvais il émouvait n. émouvions v. émouviez ils émouvaient	j' émus tu émus il émut n. émûmes v. émûtes ils émurent	j' émouvrai tu émouvras il émouvra n. émouvrons v. émouvrez ils émouvront

動詞変化に関する注意

不定詞形		直説法現在		直・半過去	直・単純未来	条・現在
-er	je	-e	-s	-ais	-rai	-rais
-ir	tu	-es	-s	-ais	-ras	-rais
-re	il	-e	-t	-ait	-ra	-rait
-oir	nous	-ons		-ions	-rons	-rions
	vous	-ez		-iez	-rez	-riez
現在分詞	ils	-ent		-aient	-ront	-raient
-ant						

	直・単純過去			接・現在	接・半過去	命令形	
je	-ai	-is	-us	-e	-sse		
tu	-as	-is	-us	-es	-sses	-e	-s
il	-a	-it	-ut	-e	^t		
nous	-âmes	-îmes	-ûmes	-ions	-ssions	-ons	
vous	-âtes	-îtes	-ûtes	-iez	-ssiez	-ez	
ils	-èrent	-irent	-urent	-ent	-ssent		

●複合時制

直説法	条件法
複合過去（助動詞の直・現在＋過去分詞）	過　去（助動詞の条・現在＋過去分詞）
大　過　去（助動詞の直・半過去＋過去分詞）	接続法
前　過　去（助動詞の直・単純過去＋過去分詞）	過　去（助動詞の接・現在＋過去分詞）
前　未　来（助動詞の直・単純未来＋過去分詞）	大過去（助動詞の接・半過去＋過去分詞）

条件法	接続法		命令法	同型
現在	現在	半過去		
j' acquerrais tu acquerrais il acquerrait n. acquerrions v. acquerriez ils acquerraient	j' acquière tu acquières il acquière n. acquérions v. acquériez ils acquièrent	j' acquisse tu acquisses il acquît n. acquissions v. acquissiez ils acquissent	acquiers acquérons acquérez	
j' émouvrais tu émouvrais il émouvrait n. émouvrions v. émouvriez ils émouvraient	j' émeuve tu émeuves il émeuve n. émouvions v. émouviez ils émeuvent	j' émusse tu émusses il émût n. émussions v. émussiez ils émussent	émeus émouvons émouvez	

○ **現在分詞**は、ふつう、直接法現在 1 人称複数形の語尾 -ons を -ant に変えて作ることができる。(nous connaissons → connaissant)
○ **直説法半過去**の 1 人称単数形は、ふつう、直説法現在 1 人称複数形の語尾 -ons を -ais に変えて作ることができる。(nous buvons → je buvais)
○ **直説法単純未来**と**条件法現在**は、ふつう、不定詞形から作ることができる。
(単純未来： aimer → j'aimerai　　finir → je finirai　　écrire → j'écrirai)
ただし、-oir 型動詞の語幹は不規則。(pouvoir → je pourrai　　savoir → je saurai)
○ **接続法現在**の 1 人称単数形は、ふつう、直説法現在 3 人称複数形の語尾 -ent を -e に変えて作ることができる。(ils finissent → je finisse)
○ **命令形**は、直説法現在の 2 人称単数形、1 人称複数形、2 人称複数形から、それぞれの主語 tu、nous、vous を取って作ることができる。(ただし、tu -es → -e　　tu vas → va)
avoir、être、savoir、vouloir の命令形は接続法現在形から作る。

●著者略歴

藤田尊潮（ふじた・そんちょう）
武蔵野美術大学教授。1958年生まれ。早稲田大学大学院博士課程満期退学。
パリ第4大学（ソルボンヌ）DEA取得。フランス文学（F.モーリアック、サン＝テグジュペリ）。
訳書：
『世界樹木神話』八坂書房、1995（共訳）
『小さな王子 —— 新訳「星の王子さま」』八坂書房、2005
『画家は語る —— 20世紀の巨匠たち 奇跡のインタビュー』八坂書房、2006
著書：
『パリのミュゼでフランス語！』白水社、2002（共著）
『マン・レイ「インタビュー」』武蔵野美術大学出版局、2002
『やさしくミュゼでパリめぐり！』白水社、2005（共著）
『「星の王子さま」を読む』八坂書房、2005
『サン＝テグジュペリ —— イメージの連鎖の中で』八坂書房、2017
『モーリアック —— 文学と信仰のはざまで』八坂書房、2017

星の王子さまの教科書
◉中級フランス語文法読本

2007年 4月1日　初版第1刷発行
2020年11月5日　初版第3刷発行

●著者　————————　藤田尊潮

●発行者　———————　白賀洋平

●発行所　———————　株式会社武蔵野美術大学出版局
　　　　　　　　　　　　〒180-8566
　　　　　　　　　　　　東京都武蔵野市吉祥寺東町 3-3-7
　　　　　　　　　　　　phone：0422-23-0810（営業）
　　　　　　　　　　　　　　　　0422-22-8580（編集）

●印刷・製本　—————　株式会社精興社

定価は表紙に表記してあります
乱丁・落丁本はお取り替えいたします
無断で本書の一部または全部を複写複製することは著作権法上の例外を除き
禁じられています

Ⓒ Fujita Soncho, 2007
ISBN978-4-901631-76-1　C3085　Printed in Japan